Die Magie, eine entspannte Mama zu sein

Johanna Lowe

Familienglück-Verlag

Druck: Amazon Deutschland oder Partner

Der Druck erfolgt in chlorfreier Tinte und das säurefreie Papier für den Innenteil des Buches wird von einem Anbieter mit Forest Stewardship Council-Zertifizierung bezogen. Alle Abfälle, die beim Drucken entstehen und sich im Büroalltag anfallen, werden ordentlich recycelt und verwertet. Zudem werden in der Zukunft weiterhin Prozesse stattfinden, um die Umweltfreundlichkeit zu versichern. Damit verpflichtet sich der Druckpartner Amazon und seine Partner dazu, seinen Teil zum Umweltschutz beizutragen.

Unser Verlag verzichtet zudem auf überflüssigen Schriftverkehr und wickelt alle Prozesse digital ab. Dies spart Ressourcen und schont die Umwelt!

ISBN: 978-3-949675-16-4

Die Magie, eine entspannte Mama zu sein

Dein Weg zu einem gelassenen Familienalltag
und mehr Me-Time

von Johanna Lowe

Familienglück-Verlag

Inhalt

Aus Liebe zur Umwelt verzichten wir auf viele Fotos & Farbdruck.

Anmerkungen

In diesem Ratgeber werden geschlechtsunabhängig die Bezeichnungen Kind, Kleines, Liebling, Wonneproppen, Sonnenschein oder Maus verwendet. Es sind also grundsätzlich sowohl Mädchen als auch Jungen gemeint.

In den meisten Fällen wird „das Kind" im Singular verwendet, was in der Realität natürlich nicht für jede Mutter passt, für das Ausformulieren dieses Buches jedoch einfacher war. Alle Inhalte lassen sich allerdings problemlos auf mehrere Kinder übertragen.

Die zahlreichen Übungen und Anregungen werden immer mit dem Wort „klein" verbunden, um zu zeigen, dass sie wirklich wenig Zeit zur Ausführung benötigen und damit leicht in den Alltag einer Mama integriert werden können.

Und nun wünsche ich dir den Mut, die Kraft und ausreichend Neugier, die Anregungen und Übungen in die Tat umzusetzen, um deinem Leben als Mama mehr Achtsamkeit und Selbstfürsorge zu schenken sowie ein wenig Unperfektion in deinen Alltag zu lassen.

Vorwort

Jede Mama kommt irgendwann an den Punkt, wo ihr alltägliche Situationen über den Kopf wachsen. Und wenn ich sage jede, dann solltest du wissen, dass es in Deutschland etwa 11 Millionen Mütter gibt. Du bist also nicht allein – ich finde, das ist ungemein beruhigend.

Doch gerade, wenn der Stress dich ungebremst überfällt, denkst du nicht an deine Mitstreiterinnen. Du siehst vielleicht keinen anderen Ausweg und kannst nur noch mit dem Gefühl der Ohnmacht oder mit Aggression, meist in Form von Worten, reagieren.

Sobald du das Geschehen irgendwie überstanden hast, kommen in der Regel die Selbstzweifel. Viele Frauen fragen sich, ob sie eine schlechte Mama sind. Lass dir das bitte niemals und von niemandem einreden. Genauso wie du, kommen alle 11 Millionen Mütter in Deutschland in Situationen, in denen der Stress einfach einen Level erreicht, wo sie nicht mehr gleichmütig, liebevoll und vor Kraft strotzend reagieren können. Nur, weil es auch dir manchmal zu viel wird, bist du noch lange keine schlechte Mutter. Im Gegenteil: Der Wunsch, eine gute Mutter zu sein, ist deine große Superkraft. Dank dieser Kraft kannst du fast alles schaffen. Trotzdem brauchst auch du Hilfe, Fürsorge und Achtsamkeit.

In diesem Buch stelle ich dir einige Tipps und auch kleine Übungen für mehr Achtsamkeit und Selbstfürsorge vor. Du kannst daraus wieder neue Kraft schöpfen. Reicht diese Kraft dennoch nicht aus, um alles immer perfekt zu meistern? Dann lies gerne im Kapitel zu Mental Load nach, wie du Belastungen – die oftmals gar nicht bewusst wahrgenommen werden – wunderbar auch mit anderen teilen kannst. Und natürlich muss trotzdem nie alles perfekt sein. Lass dich daher auch von meinen Tipps zur Unperfektion inspirieren. Kannst du in manchen Bereichen übertriebene Ansprüche an deine Perfektion reduzieren?

Bevor es so richtig los geht, hier gleich vorweg ein paar kleine Übungen zu mehr Selbstfürsorge, mehr Achtsamkeit und mehr Unperfektion:

Kleine Übung zur Selbstfürsorge

Verwöhne dich mit ein bisschen Liebe! Egal ob du dich gern schminkst, dir Zeit für einen entspannten Kaffee nimmst, nur 10 Minuten in einem Buch liest, etwas ausgiebiger duschst, mit deiner Freundin telefonierst, ... – nimm dir ein paar Minuten für dich selbst und das täglich!

Viele Mütter meinen allerdings, dass sie diese wenigen Minuten nicht aufbringen können. Doch, das können sie, alle! Hier spielt nämlich die Achtsamkeit für sich selbst eine Rolle. Das Hamsterrad, in dem viele Mamas stecken, dreht sich nur so schnell, wie sie es zulassen. Deshalb solltest du dir mehr Aufmerksamkeit schenken und in dich hineinhorchen, wie viel du an einem Tag locker schaffen kannst. Gestalte deinen Mama-Alltag so, dass stets ausreichend Pausen enthalten sind.

Kleine Übung zur Achtsamkeit 1

Gib auf dich selbst Acht, als wärst du dein eigenes Kind. Deinem kleinen Liebling würdest du auch nicht zu viel aufbürden.

Kleine Übung zur Achtsamkeit 2

Lobe dich täglich für deine geleistete Arbeit, denn der Alltag einer Mama ist vollgepackt mit Aufgaben. Ziehst du am Abend ein Resümee, wirst du merken, wie viele Dinge du erledigt hast, und das ist auf jeden Fall ein großes Lob wert!

Zu guter Letzt kommt der Punkt, den sich eine Mama immer vor Augen führen sollte – du musst nicht perfekt sein! Vielleicht ist das auch für dich als Mama schwierig zu akzeptieren, doch dein Kind wird dich dennoch lieben. Viel wichtiger ist es, aus seinen Fehlern zu lernen. Dies gibt dir das Gefühl von Reife und Gelassenheit.

Kleine Übung zur Unperfektion 1

Suche dir jeden Tag einen Bereich aus, in dem du gezielt unperfekt sein möchtest, beispielsweise beim Kochen, Styling, Bügeln. Wenn du das Ergebnis für dich akzeptieren kannst, dann behalte in diesem Bereich den weniger perfekten Stil bei.

Kleine Übung zur Unperfektion 2

Gerade, wenn etwas schiefgeht, atme kurz durch und lache über deine eigene Unperfektion!

Auch wenn dir diese Übungen nicht bei jeder stressigen Situation sofort einfallen, nutze sie dennoch immer wieder und lerne sie wie den Text deines Lieblingssongs auswendig. Du wirst sehen, dein Mama-Alltag wird entspannter.

Das Beste vorweg – warum es wundervoll ist, eine Mama zu sein

Dein Leben wird auf den Kopf gestellt und nun?

Ist es nicht wundervoll, wenn dich im stressigen Alltag dein Baby mit seinen Kulleraugen ansieht? Dann verschwindet plötzlich alles Negative und du fühlst dich für den Moment rundum glücklich. Das soll auch so sein, denn ein niedliches Babygesicht wirkt berauschend. Das hat ein Forscherteam der Westfälischen Wilhelms-Universität Münster und der University of Pennsylvania herausgefunden. Demzufolge werden durch Rauschgift und Kulleraugen dieselben Hirnareale angesprochen. Für alle Augenblicke, in denen dich das neue Muttersein überfordern sollte, denk einfach an diese großartige Leistung der Evolution. Denn es kommen zwangsläufig die Momente, in denen du dich ausgelaugt und fremdbestimmt fühlen wirst. Vielleicht kennst du einige Situationen bereits. Du bist gerade erst eingeschlafen, nachdem du die Küche gemacht, die Wäsche gewaschen und deinem Mann das Hemd für morgen gebügelt hast – und dann schreit dein Baby. Nach vielen Nächten, die vom Stillen oder Fläschchen geben, vom Wickeln und Wiegen deines kleinen Sonnenscheins geprägt sind, verlierst du langsam die Nerven. Oder du bist kaum von einem langen Spaziergang mit dem Kinderwagen daheim und möchtest nur kurz die Füße hochlegen. Doch ausgerechnet dann wacht dein Baby auf und schreit, nicht weil es Hunger hat, sondern weil ein paar fiese Winde im kleinen Bauch umherwirbeln. Bis diese endlich wieder draußen sind, ist eine Stunde vergangen und deine kleine Pause längst verstrichen.

Ich könnte noch viele andere Beispiele aufzählen, doch am Ende bleibt eins – du fühlst dich erschöpft und in deinem Kopf kreisen die Gedanken: „Warum sind andere Babys pflegeleichter? Mache ich etwas falsch?” Ich kann dich beruhigen, denn den meisten frisch gebackenen Mamas geht es ähnlich. Und diese Tatsache allein kann dich trösten und aufmuntern, finde ich. Mein erster Mutmacher lautet deshalb: „Aller Anfang ist schwer und es ist noch kein Meister vom Himmel gefallen.” Es wird wohl keine Mutter auf dieser Welt geben, die nicht einmal an ihre persönlichen Grenzen kommt, egal ob sie noch ein Baby oder schon ein größeres Kind zuhause hat. Wichtig ist es doch nur, sich selbst nicht zu stressen und auf seine Mama-Fähigkeiten zu vertrauen! Diese hat jede Mutter, denn sie wurden mit den Genen von Generation zu Generation weitergegeben.

Vertrau deinen angeborenen Fähigkeiten!

Durch einen klugen Schachzug der Natur wird seit jeher den jungen Müttern die Liebe zu ihrem Kind mit auf den Weg gegeben. Süße Babygesichter und die hilflose Lage der Kleinen lassen keine Frau kalt. Es ist uns allen angeboren, sich um Kinder zu kümmern. Das schließt die Männerwelt durchaus mit ein, allerdings reagieren sie auf diese Reize etwas zurückhaltender. Mit der angeborenen Fürsorge allein ist es allerdings nicht getan. Um eine stabile Mutter-Kind-Beziehung aufzubauen, hilft das Hormon Oxytocin, auch als Liebeshormon bekannt. Es wird bereits während der Geburt ausgeschüttet und beim ersten Saugen an der Brust noch einmal in hoher Dosis freigesetzt. Auch dein Kind wird beim Nuckeln von diesem Liebeshormon durchflutet. Du spürst es aber auch unabhängig davon, ob du eine „natürliche“ Geburt oder einen Kaiserschnitt hattest, dein Kind stillst oder mit dem Fläschchen fütterst. Zum Beispiel dann, wenn du dein Kind schreien hörst, es hältst, es streichelst oder auch einfach nur an es denkst. Der Körper einer Mutter wird mit Liebeshormonen überschwemmt und das lässt alles andere in den Hintergrund treten. In diesen Augenblicken ist nur das Baby wichtig und die ersten liebevollen Kontakte bilden sich.

Wenn du dein Baby schließlich glücklich in deinen Armen eingeschlummert ist, solltest du diesen Moment genießen und dich auf dein neues Leben freuen, denn nun geht es an die Bewältigung eines veränderten Alltags. Du hast jetzt die Aufgabe, mithilfe der ersten zarten Bande eine gute Mutter-Kind-Beziehung aufzubauen. Das bedeutet zunächst das Herantasten beider Seiten, um sich kennenzulernen und die Signale des anderen deuten zu können. Das klingt für dich vielleicht kompliziert, aber keine Sorge, mit der Zeit wirst du dein Baby verstehen und es lernt, deine Emotionen und Reaktionen zu verstehen. Gerade am Anfang eurer Beziehung müsst ihr ohne Worte auskommen. Da kommt es auf die feinen Details an. Manchmal ist es eine Bewegung, die dir verrät, dass dein Kleines gerade seine Windel gefüllt hat oder ein Glucksen, dass dir zeigt, dein Baby ist glücklich und zufrieden. Du wirst in einer Welt, in der das meiste mit Worten kommuniziert wird, lernen, dich wieder auf die einfachste und dennoch wundervollste Methode zu besinnen, sich seinem Gegenüber auszudrücken. Dieses Prinzip der Achtsamkeit kannst du nicht nur mit deinem Baby praktizieren, sondern auch mit dem größer werdenden Kind, deiner Familie, Freunden und vor allem mit dir selbst. Die Achtsamkeit wird dir durch turbulente Zeiten helfen. Doch davon erfährst du mehr in den Kapiteln über Achtsamkeit, Selbstfürsorge und Unperfektion.

An dieser Stelle könntest du dennoch eine kleine Übung zur Achtsamkeit ausprobieren: Spaziere (mit oder ohne Kind/er) durch die Straßen deiner Heimat oder setze dich im Park auf eine Bank und beobachte deine Mitmenschen. Aus der Ferne kannst du auch, ohne Gesprächsfetzen zu empfangen, die Mimik und Gestik der Leute lesen lernen. Das gilt natürlich auch für die Kinder auf dem Spielplatz. Sie wirst du noch schneller verstehen als Erwachsene. Je länger du trainierst, umso mehr Einzelheiten in der Körpersprache wirst du wahrnehmen. Grüße auch ab und zu freundlich verschiedene Menschen, egal ob du sie kennst oder nicht. Diese Übung hat einen weiteren entscheidenden Vorteil. Viele reagieren höflich und lächeln zurück, erst recht, wenn du ein Kind dabeihast. Diese positive Bestätigung, auch von dir gänzlich fremden Menschen, solltest du genießen und in deinem Gedächtnis speichern, damit du sie wieder hervorholen kannst, wenn dein Tag gerade nicht so läuft.

Eine wichtige Fähigkeit, die du ebenfalls von Mutter Natur und für alle Lebenslagen mitbekommen hast, ist deine innere Stimme. Auch wenn sie manchmal fern scheint, ist sie da und du solltest sie öfter aktivieren. In deiner Kindheit war diese Stimme, auch als sechster Sinn bekannt, fester Bestandteil deines Lebens. Je älter und erwachsener die Menschen werden, umso häufiger vergessen sie diese Intuition, die ihnen im Leben oft weiterhelfen könnte. Deshalb solltest du dich im Umgang mit deinem Baby oder deinem kleinen Racker, der sich in den ersten Jahren sprachlich noch nicht so gut mitteilen kann, auch wieder auf deine innere Stimme besinnen. Je genauer du hinhörst, umso leichter kannst du mit deinem kleinen Liebling kommunizieren. Es gibt viele Mamas, die nach einiger Zeit beobachten, dass sie bereits wissen, dass ihr Baby im nächsten Augenblick aufwachen oder dass ihr Kleinkind gleich vor ihrem Bett stehen wird, weil es einen Albtraum hatte. Die Schwingungen, die sich zwischen Mutter und Kind entwickeln, kannst du also mit ein bisschen Übung ganz schnell wahrnehmen, auch wenn das Kind größer wird. Hilfreich dafür sind Meditationsübungen.

Vielleicht hörst du heute zum ersten Mal davon, vielleicht glaubst du auch, meditieren ist kompliziert und benötigt viel Zeit – Zeit, die du als junge Mama nicht hast. Das ist auf der einen Seite richtig, aber auf der anderen Seite möchtest du möglicherweise gar keine Spezialistin auf diesem Gebiet werden, sondern nur ein paar Methoden kennen, die sich irgendwie in deinen Alltag integrieren lassen. Und die gibt es tatsächlich. Die erste einfache Meditationsübung hast du vielleicht bereits im Geburtsvorbereitungskurs gelernt – das Atmen. Allein mit der richtigen Atemtechnik kannst du meditieren, denn Meditation bedeutet, sich auf sich selbst zu konzentrieren und seine Gedanken bewusst zu steuern. Wenn du bei der Morgenübelkeit, der körperlichen Belastung in der Schwangerschaft, den stärker werdenden Wehen oder auch während der Geburt das bewusste Atmen eingesetzt hast, hast du dich voll und ganz darauf konzentriert, um die Schmerzen zu lindern. So ähnlich funktioniert die erste kleine Meditationsübung auch.

Kleine Übung zur Meditation

Setze oder lege dich bequem hin. Verschränke die Hände über deinem Bauch, sodass du die Atembewegungen durch Heben und Senken deines Bauches spüren kannst. Und dann atme langsam und konzentriert ein und aus, solange, wie es für dich angenehm ist. Je öfter du diese Übung probierst, umso leichter wird es dir fallen, dich durch Konzentration und bewusstes Atmen von deinen zahlreichen Gedanken freizumachen. Damit legst du den Grundstein für Freiräume und die feinen Schwingungen zwischen deinem Baby/Kind und dir können leichter zirkulieren.

Lass dich nicht aus deinem Konzept bringen!

Nachdem die Bindung zwischen deinem Baby und dir als Mama gestärkt wurde, kommen irgendwann die ersten gut gemeinten Ratschläge aus der Familie und dem Freundeskreis. Am Anfang hörst du aufmerksam zu und freust dich vielleicht auch über den einen oder anderen Tipp. Doch mit der Zeit hast du das Gefühl, jeder will sich in dein Leben einmischen und dir vorschreiben, was du zu tun und zu lassen hast. Du gehst unwillkürlich auf Konfrontation, doch das zermürbt dich und bringt nur schlechte Laune mit sich. Und am Ende des Tages fragst du dich ernsthaft, ob du eine schlechte Mama bist und ungeeignet, ein Kind aufzuziehen. Viele Mütter stellen sich diese Frage. Und es ist sicher auch gut, manches zu hinterfragen. Doch lass dir niemals einreden, dass du unfähig bist! Konzentriere dich stattdessen lieber auf deine Fähigkeiten und schaue in das fröhliche Gesicht deines Kindes. Dein Kleines braucht keine perfekte Mama, nur eine, die es von ganzem Herzen liebt. Es verzeiht dir auch kleine Fehler. Fehler macht jede Mutter, auch die Mütter, die dir jetzt kluge Ratschläge geben wollen.

Du kannst nicht alle Fehler vermeiden. Du kannst nur deinen eigenen Weg gehen und musst dabei auch Fehler in Kauf zu nehmen. Doch gerade aus diesen kannst du selbst am besten lernen. Wenn dein Baby zum Beispiel nach dem Stillen Blähungen bekommt und weint, weil du zuvor Quark oder Joghurt gegessen hast, dann stellt dieser völlig unbeabsichtigte „Fehler" keinesfalls deine wahre Mutterliebe infrage! Im Gegenteil, sie stärkt sie noch weiter, weil du nun weißt, dass dein Kleines auf Milchprodukte mit einer Unverträglichkeit reagiert. Doch du weißt nun auch, wie du dein Baby vor Koliken schützen kannst. Du wirst ganz schnell die Ursache beheben und dir für die Zukunft deines Kindes merken, dass du bei der Umstellung auf feste Nahrung herkömmliche Milchprodukte meiden solltest. Du wirst auch feststellen, dass dein Kind an manchen Abenden zufrieden einschläft, an anderen aber die ganze Nacht quengelig bleibt. Vielleicht war es untertags zu laut, vielleicht bist du gerade gestresst. Vielleicht hattest du auch einen Termin und fühlst dich schuldig, weil du dein Kind nicht mitnehmen konntest. Niemand kann dir vorher sagen, was du anders machen solltest.

Die bereits im vorherigen Kapitel beschriebene Mutter-Kind-Beziehung ist lediglich die Grundlage für eigene Wege, die nur ihr zwei zusammen gehen könnt, denn jedes Kind ist und entwickelt sich anders. Und jedes Kind hat demnach auch unterschiedliche Bedürfnisse. Es gibt keine vorgefertigten Schemata, die du als Mama anwenden solltest, es gibt lediglich einen Rahmen empfehlenswerter Routinen, die du ausprobieren kannst. Einige Mütter machen ihren Kleinkindern während des Zahnens eine Bernsteinkette um den Hals, weil dies weniger Schmerzen verursachen soll. Probiere es aus und falls dies für deinen kleinen Liebling nicht passt oder du vor lauter Angst nicht schlafen kannst, weil du ständig daran denkst, dass sich das Kleine mit der Kette strangulieren könnte, so lass es einfach sein, auch wenn die Bernsteinkette ein Geschenk von einer lieben Person war.

Vertrau auf dein Gespür im Umgang mit deinem Kind und auch im Umgang mit dir selbst. Als Mama wirst du jeden Tag mit neuen Situationen überschwemmt, die viel Kraft und Zeit erfordern. Denk nur an deinen Haushalt. Die Aufgaben, die du früher locker erledigt hast, überfordern dich manchmal, weil du einfach keine Energie dafür aufbringen kannst. Nach vielen kräftezehrenden Wochen und Monaten, in denen sie versucht haben, alles irgendwie zu koordinieren und genauso perfekt und leicht zu erledigen wie vor der Geburt, bringen viele Mamas in die Nähe eines nervlichen Wracks. Bevor du einen Heulkrampf nach dem anderen bekommst, solltest du dir lieber eingestehen, dass Muttersein schön, aber auch wahnsinnig anstrengend ist. Dieser erste Schritt der Selbsterkenntnis ist vielleicht bitter, aber ehrlich. Nun musst du die Tatsache, dass du eine andere, nämlich eine fürsorgende Mama geworden bist, annehmen und in deinen Alltag integrieren.

Kleiner Mutmacher

Ich habe die Erfahrung gemacht, dass bei einer jungen Mutter über eine gute Portion Unordnung, Schlafmangel und Verstimmung hinweggesehen wird. Führe dir diese Tatsache immer dann vor Augen, wenn dich alles zu übermannen droht. Nimm dir Zeit für angenehme Aufgaben oder nutze sie zur Entspannung. Verordne dir eine Dosis Unperfektion und Gelassenheit. Gib dir die Liebe, die du auch deinem kleinen Racker entgegenbringst.

Ist dein Kind schon einige Monate alt, wird sich der Alltag etwas gewandelt haben, aber auch dann kannst du immer wieder an deine Grenzen kommen, weil dein Kleines seinen Bewegungsradius deutlich erweitert hat und die Organisation des Haushalts immer noch von dir gemanagt werden muss. Dein Kind kann vielleicht schon allein auf einen Stuhl steigen und sich am Kühlschrank bedienen, während du die Waschmaschine bestückst. Plötzlich rumpelt es laut und dein Liebling ist beim Absteigen mitsamt dem Stuhl umgefallen. Auch wenn dich dieses kleine Erlebnis erschreckt hat, so soll es dich keinesfalls aus deinem Konzept bringen. Du hast sicher ein gutes Gespür dafür, wie viel Spielraum dein Kind braucht, um Neues auszuprobieren und eigene Erfahrungen zu machen, und wieviel Schutz, damit es sich nicht ernsthaft verletzt oder von Rückschlägen entmutigen lässt. Für welchen Weg du dich auch entscheidest, für dich ist er immer der richtige. Du kennst schließlich deinen kleinen Racker am besten und weißt, wie viel Freiraum du ihm zutrauen kannst, ohne dir selbst ein schlechtes Gewissen einreden zu müssen. Geh in allen Bereichen deines Lebens einfach deinen Weg und lass dich nicht aus dem Konzept bringen!

Darum ist es wundervoll, eine Mama zu sein!

Sobald sich eine Frau auf das Muttersein einlässt, entscheidet sie sich auch für ein Leben mit vielen Facetten – aufregend, turbulent, lustig, abwechslungsreich, anstrengend und wundervoll. Dein Leben wird trotz immer wiederkehrender Sorgen, Alltagsproblemen und kräftezehrenden Tagen von einem sich prächtig entwickelnden Baby oder einem fröhlichen, abenteuerlustigen und meist gut gelaunten Kind bestimmt. Versuche, dich durch dein Mutterleben zu bewegen, als wärst du selbst ein Kind. Die Kleinen starten ohne einen Plan in den Tag, machen sich keine Gedanken über ein perfektes Erscheinungsbild, träumen, wenn sie Lust darauf haben oder spielen Superhelden mit Verkleidungen und Verteidigungswerkzeugen, über die jeder Schurke lachen würde und fühlen sich dennoch stark. Wenn du dich in stressigen Zeiten immer wieder durch das fröhliche Kinderlachen oder Baby-Glucksen anstecken lässt, werden alle Probleme gleich ein bisschen kleiner. Dann sind sie zwar nicht aus der Welt, aber du kannst sie besser annehmen und leichter lösen. Auch bei der Herangehensweise zur Bearbeitung eines Problems kann dir das Sehen mit Kinderaugen weiterhelfen. Dein Sprössling geht selten einer Herausforderung aus dem Weg, sondern versucht dieser mit unkonventionellen Ideen zu begegnen.

Gerade die Entwicklung, die dein Kind von Woche zu Woche und von Monat zu Monat durchmacht, zeigt deinen Einsatz und deine Mühen. Du hilfst ihm, eine einzigartige Persönlichkeit zu werden. Mach weiter so und lobe nicht nur dein Kleines, wenn es etwas erfolgreich gelernt hat, sondern auch dich! Lobe dich dafür, dass du an dein Kind geglaubt und es in allen Lebenslagen unterstützt hast! Wenn du am Ende eines langen Tages müde und ausgelaugt bist und dann in das Zimmer deines Lieblings gehst, in sein schlafendes, entspanntes Gesicht blickst, erlebst du garantiert kleine Glücksmomente. Dann verwandelt sich der beschwerliche Tag in eine Erinnerung, die vergangen ist und das Positive des Augenblicks zaubert ein kleines Lächeln auf dein Gesicht. Die Kraft, die du daraus schöpfen kannst, solltest du stets bei dir tragen. Jetzt ist auch die Zeit, in der du tief im Herzen fühlen kannst, wie wundervoll es ist, eine Mama zu sein. Genieße diese Momente!

Das Idealbild der Mütter in unserer Gesellschaft – mehr Schein als Sein

Junge Mütter unter der Lupe

Kaum ist dein Baby geboren, schon geht die „Begutachtung" deines kleinen Lieblings und dir los. Deine Familie freut sich vermutlich riesig über den neuen Zuwachs, muss allerdings das meiste kommentieren. Sehr wahrscheinlich kommen dann auch Sprüche wie „Oh, der sieht ja aus wie sein Opa!", „Hat er nicht die gleiche Knubbelnase wie du?", „So schwer war die Kleine bei ihrer Geburt? Hättest du in deiner Schwangerschaft mal nicht so viel gegessen!" oder „Schau mal, wie lang seine Fingerchen sind – der wird bestimmt mal Klavierspieler." Du bist noch etwas mitgenommen von der langen Geburt und bekommst vielleicht nicht ein einziges Lob – wie gut du die Geburt durchgestanden hast und wie glücklich du aussiehst. Das ist wirklich schade, denn diese großartige Leistung hast ganz allein du bewältigt. Du darfst stolz auf dich sein! Oft ist dies nur der Anfang von all jenen Beobachtungen und zum Teil völlig verfehlten Bemerkungen, die dich bei der Erziehung deines Kindes begleiten werden. Großmütter versuchen oft, dir die alten Weisheiten einzureden, die vielleicht vor vielen Jahrzehnten so praktiziert wurden, heute aber als überholt gelten. Zum Lieblingsmythos vergangener Generationen gehört „Lass dein Baby schreien! Das kräftigt die Lungen." Verschiedene Studien haben diesen Irrtum längst widerlegt. Die Lunge entwickelt sich auch ohne häufiges Schreien wunderbar. Eine neue Studie über das Schreien lassen von Babys sorgt derzeit für Unruhe, weshalb ich sie an dieser Stelle kurz erwähnen möchte. Die von der Flinders University im australischen Adelaide vorgestellte Studie über den Cortisol-Spiegel von Babys nach längerem Schreien lässt viele Mamas unsicher werden. Die Universität konnte feststellen, dass das dessen Stress-Level, welcher durch die Höhe von Cortisol nachgewiesen werden kann, bei längerem Schreien nicht höher war als vor der Schrei-Attacke. Es wurde jedoch nicht untersucht, ob der Stress-Pegel des Babys bei Dauerschreien über mehrere Tage und Wochen unverändert sein würde. Was ich dir aber versichern kann ist, dass sich dein Cortisol-Spiegel wahrscheinlich deutlich erhöhen wird, wenn du entgegen deiner inneren Einstellung das Kleine schreien lassen würdest. Deshalb gilt auch hier wieder – vertrau deiner inneren Stimme und tu nur die Dinge, die du für dich und dein Kind richtig hältst!

Wird dein kleiner Liebling größer, hören gutgemeinte Ratschläge und kritische Kommentare leider nicht auf. Als Mama wird dir regelmäßig das Gefühl vermittelt, dass du nicht konsequent genug in der Erziehung bist, dein Kind verwöhnst und ihm alle Sorgen abnimmst. Dass solche Bemerkungen unfair und unpassend sind, steht außer Frage. Selten wird dabei hinter die Kulissen geschaut oder erfragt, welche Erziehungsmethoden du bevorzugst und welche Werte du deinem Kind beibringen möchtest. Für dich ist es beispielsweise in Ordnung, dass dein Racker am Sonntagnachmittag mit dreckigen Hosen aus dem Wald kommen darf, dafür weiß er aber mit 3 Jahren schon, dass er in fremden Wohnungen keine einzige Schranktür ungefragt öffnen darf. Wer nun kommentiert, dass du deinem Kind keine Sorgfalt beibringst, ist nicht nur unhöflich, sondern schließt außerdem von einer Momentaufnahme auf deinen gesamten Erziehungsstil. Oder ein anderes Beispiel: Ein kurzes, unbedachtes Nichtbeachten deines Kindes kann dazu führen, dass es mit Sand nach einem anderen Kind wirft, allerdings zum ersten Mal. Nun kannst du dir die Reaktion der umstehenden Erwachsenen sicher gut vorstellen. Woher soll aber dein kleiner Racker wissen, dass man dies nicht tut, wenn er es vorher noch nie ausprobiert hat?

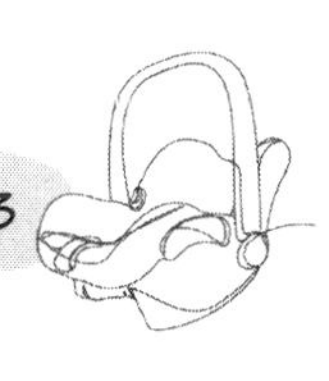

Für Situationen mit nervigen Besserwissern solltest du gewappnet sein. Eine ganz einfache Methode ist der „gemeine Sack". Welche Bedeutung du unter dem Wort „gemein" verstehst, ist ganz allein deine Entscheidung – gemein in Form von „ohne besonderes Merkmal" oder gemein, „wenn dich jemand richtig geärgert hat". Stell dir vor, du trägst diesen imaginären Sack immer mit dir herum und sobald dich eine Bemerkung verletzt, verunsichert oder dir auf eine andere Weise nicht guttut, dann steck sie gedanklich in diesen gemeinen Sack und binde ihn fest zu. Wenn er dir zu voll ist, wirfst du ihn einfach fort und besorgst dir einen neuen Sack. Auch wenn dir solche Gedankenspiele womöglich unsinnig vorkommen, sie wirken. Vielleicht hat dein Kind mit 4 Jahren schon von Monstern geträumt. Diese würdest du wahrscheinlich auch imaginär fangen und vor die Tür setzen. Das ist genau dasselbe Prinzip.

Natürlich gibt es auch die gut gemeinten Ratschläge, die dir in der ein oder anderen Situation helfen könnten. Mit deiner Intuition wirst du diese sicher aus dem Rest der Kommentare herausfiltern und für dich nutzen können.

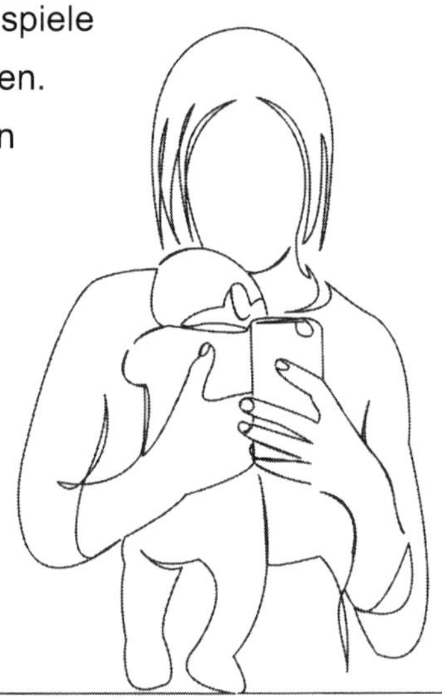

Perfekte Mütter-Inszenierung in Zeiten von Social Media

Mit dem Smartphone lebt es sich auch als Mama besser? Nun ja, für einige Dinge ist es wirklich gut geeignet – einen Schnappschuss vom verschmierten Babymund machen, dem Papa, der auf Dienstreise ist, das neu gelernte Lied aus der Kita vorsingen oder schnell von unterwegs die

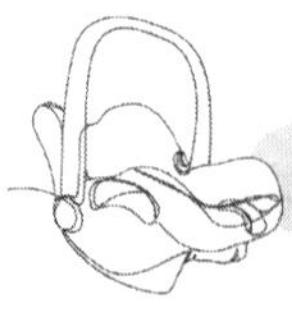

Oma anrufen, ob man nicht kurz auf einen Kaffee vorbeischauen könnte, ein paar Minuten Kinderbetreuung für die lieben Quengelgeister inklusive. Natürlich gibt es auch immer die Kehrseite und die sieht in diesem Fall nicht wirklich gut aus. Ein kleiner Blick in die sozialen Netzwerke und schon ploppen sie auf wie die Fliegen auf dem Kompost – Bilder von bastelnden Müttern mit ihren Kindern (mit strahlendem Lächeln in die Kamera), ein fröhliches Picknick im Park (mit Kindern, die dem Shopping-Katalog entstiegen sind), ein Bild aus dem Kinderzimmer (alles picobello aufgeräumt), eine Torte zum 5. Geburtstag der süßen Tochter (perfekt, wie vom Konditormeister) und immer wieder glückliche Mütter (perfekt geschminkt und frisiert mit einer traumhaften Bikini-Figur). Wenn dich solche Fotos als gestresste Mama kaltlassen, dann brauchst du dieses Kapitel nicht weiterzulesen, dann hast du die richtige Einstellung schon gefunden! Super! Doch wenn du eine von denen bist, die sich dadurch leicht verunsichern lassen, dann solltest du wissen, dass auch bei den perfekt inszenierten Müttern nicht alles Gold ist, was glänzt.

Du hast zwei Möglichkeiten, diese unbewusste Beeinflussung von außen für dich zu regeln. Entweder lässt du das Thema soziale Netzwerke außen vor oder du versuchst zu lernen, in welchem Umfang Facebook, Instagram & Co für dein Gemüt akzeptabel sind. Ich möchte schließlich nicht leugnen, dass sich immer wieder geniale Ideen, gute Kritiken von Baby- und Kleinkindartikeln (zum Beispiel die neueste Basteltechnik oder Mitwachs-Kleidung), hilfreiche Diskussionen oder „Bleiblocker-Tipps" zum Mamasein unter den zahlreichen Posts tummeln. Entscheidend für die Nutzung von Social Media ist hier die kluge Auswahl der Artikel und Statements. Bleibe nur bei den Zeilen und Fotos hängen, die dir wirklich etwas bringen! Am Ende des Tages stellst du sonst ziemlich frustriert fest, wie viel unnötige Zeit du mit deinem Smartphone verbracht hast, die du sinnvollerweise lieber in freie Zeit für dich oder die Beschäftigung mit deinen Kindern investiert hättest.

Wie genau kann Social Media dein Leben negativ beeinflussen, wenn du dich vielleicht nur mit deinen Freundinnen austauschen und Erfahrungsberichte anderer Mütter finden möchtest? Das klingt als Frage erstmal ganz harmlos und nach den ersten geposteten Baby- oder Kinderfotos auf WhatsApp, Facebook & Co scheint die Welt auch noch heil. Doch ganz langsam und unwillkürlich schleicht sich eine gewisse Abhängigkeit ein. Du wartest regelrecht auf viele Likes, um das Gefühl zu bekommen, dass du alles richtig machst und dein Leben mit den Kleinen voll im Griff hast. Diese Bestätigung in persönlichen Worten und Gesten zu erhalten, wäre wesentlich hilfreicher. Denk nur an einen zarten Kinderkuss, wenn du den Lieblingsrock deiner Maus wieder frisch gewaschen hast, damit sie ihn zum Geburtstag anziehen kann. Dieses Glücksgefühl macht dich stärker als jeder Gefällt-mir-Klick. Diese sichtbaren Bewertungen durch andere Nutzer verursachen natürlich auch einen imaginären Wettkampf. Wer möchte nicht besser sein als andere? Und schon sitzt du in der Zwickmühle. Du vergleichst dich ständig mit anderen Mamas und setzt dich damit selbst unter Druck. Eine Untersuchung der DAK-Gesundheit und des Deutschen Zentrums für Suchtfragen hat 2018 die Frage nach der Abhängigkeit von Social Media genauer unter die Lupe genommen, allerdings für Teenager. Doch die zum Teil erschreckenden Ergebnisse lassen sich auch gut auf Erwachsene beziehen. Diese Studie hat herausgefunden, dass Mädchen und Frauen stärker gefährdet sind als Jungen und Männer. Auch wenn das reine Suchtpotential von 3,4 % bei Mädchen nicht hoch erscheint, so ist die Gefahr, in eine Depression zu rutschen, wesentlich höher! Deshalb ist ein gesunder Umgang mit Social Media auch so wichtig!

Kleiner Mutmacher

Es gibt bereits einige Nutzer und Gruppen, die in sozialen Netzwerken in charmanter Weise über gestresste Mamas und den chaotischen Alltag mit Babys und Kindern berichten und sich dem Hype um Perfektion nicht anschließen. Abonniere einfach ein paar dieser Seiten, um auch die Realität zwischen den perfekten Inszenierungen junger Mütter zu lesen. Damit kannst du dich wahrscheinlich gut identifizieren und fühlst dich verstanden. Diese Unterstützung von außen ist die, die dich aufbauen kann. Du kannst natürlich auch selbst in die Offensive gehen und unperfekte, aber sympathische Bilder von deinem Mama-Alltag einstellen. Überlege dir allerdings vorher gut, inwieweit dein kleiner Liebling zu sehen sein soll und schütze seine/eure Privatsphäre lieber etwas zu viel als zu wenig.

Perfekte Business-Mütter schaffen alles

Eine Vielzahl junger Mamas versucht, sich im Netz perfekt in Szene zu setzen. Doch nicht nur dort. Im Alltag geht es gerade so weiter. Die Werbung im Fernsehen zeigt dir in Wort und Bild, wie arbeitende Mütter ihren Tag hinter sich bringen und gut gelaunt und voller Elan, natürlich immer noch perfekt geschminkt und ohne einen Schweißfleck unter den Achseln oder ein paar Klecksen Schokomund von den Kleinen auf der Bluse, nach Hause kommen. Das Interview mit einer prominenten, gutverdienenden Schauspielerin in einer bunten Illustrierten gibt dir als Mama dann Tipps, wie du Haushalt, Ehe und Kinder galant unter einen Hut bekommst und dennoch ausreichend Zeit für dich selbst hast. Na ja, mit einer Haushälterin, mindestens einer Nanny und dem Personal Fitnesstrainer an der Seite würdest du das ganz bestimmt auch so entspannt wuppen. Ehrlichkeit ist eben kein Maßstab, mit denen die Medien und auch die Werbung Geld verdienen können. Dinge lassen sich nur dann verkaufen, wenn den jungen Mamas ein schlechtes Gewissen eingeredet wird. Lass dich aber bitte durch solche Tricks nicht einwickeln und vertrau weiterhin auf dein Gefühl und das Glücksbarometer in Form deines Babys oder Kindes. Ist dein Liebling zufrieden und glücklich, so solltest du das auch sein und dich daran erfreuen, wie gut du deine Mutterrolle ausfüllst!

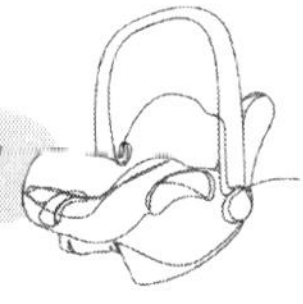

Doch was gaukeln dir die perfekt wirkenden Mütter mit ihrem durchorganisierten Alltag durch Beruf und Familie eigentlich vor? Um es kurz vorwegzunehmen, jede Mama sollte selbst ihren ganz eigenen Weg nehmen und entscheiden, ob und wann sie wieder ins Berufsleben einsteigt, welchen Betreuungsumfang sie sich für ihr Kind wünscht und wie sie ihren Alltag organisieren möchte. Vielleicht kannst du dir gar nicht aussuchen, ob du zu Hause bleiben oder lieber arbeiten möchtest, einfach, weil du und deine Familie auf das Geldverdienen angewiesen seid. Auch das ist in Ordnung. In diesem Ratgeber soll nur das Bild der perfekten, berufstätigen Mutter in der Gesellschaft, das in vielen Medien präsentiert wird, Gegenstand der Betrachtungen sein. Niemand weiß genauer als du, dass man als Mama, besonders eines Babys, morgens eben nicht ausgeschlafen aus dem Bett kommt und danach gleich topfit in den Beruf starten kann. Betrachtest du dich dann schlaftrunken in deinem Badezimmerspiegel steht schon fest, dass das Schminken eventuell etwas länger dauern kann. Dann kann es leicht passieren, dass du deine Kaffeemaschine nur mit Wasser befüllst und der wohlverdiente Muntermacher ein zweites Mal angesetzt werden muss. Zu guter Letzt fällt das frisch gemachte Frühstück auf den Küchenboden. Der Tag ist praktisch schon im Eimer, bevor er richtig begonnen hat. Und wie durch Zufall läuft ausgerechnet jetzt eine Reportage über den perfekt organisierten Alltag im Radio. Hier cool zu bleiben, erfordert echte Disziplin, die man nicht einfach so aus der Müslipackung schütteln kann.

Kleines Anti-Durchdreh-Ritual

Durchatmen! Und noch einmal durchatmen und noch einmal! Jetzt kannst du langsam fühlen, dass es ein klein wenig besser wird. Und nun versuch einen Witz über deinen verkorksten Start in den Tag zu machen! Stell dir die Blicke deiner Kollegin vor, wenn du heute ungeschminkt, aber mit einem dicken Kussmund auf der Wange in das Büro gehen würdest. Oder du die Joghurt-Müsli-Masse, die noch den Küchenboden verziert, in das Gesicht der prominenten Über-Mutter aus der Zeitschrift pfefferst. Deine Anspannung sollte zumindest etwas nachlassen, wenn nicht sogar in einen kleinen Lachanfall übergehen. Humor ist nämlich die beste Art, mit Ungeschicklichkeit und Frustration umzugehen. Gemeinhin ist es längst bekannt, dass die durch Lachen freigesetzten Endorphine dem Stresshormon Adrenalin positiv entgegenwirken und tatsächlich für Entspannung sorgen. Nebenbei aktivierst du 300 verschiedene Muskeln und durch eine intensivere Atmung wird dein Blut mit einer erhöhten Menge an Sauerstoff versorgt. Dieser Frische-Kick sorgt für gute Laune, die deinen Tag retten kann.

Genauso anstrengend wie ein neuer Morgen ist für eine berufstätige Mama auch der Rest des Tages, beispielsweise das Abholen des Kindes aus der Betreuung. Gerade warst du noch im Beruf unter Strom und schon wartet dein kleiner Racker mit Begeisterung auf dich. Doch du hättest lieber eine kleine Auszeit? Warum nicht? Wenn die Zeit dafür ausreicht, solltest du sie dringend nutzen! Es ist ganz egal, ob du noch in Ruhe einen kleinen Spaziergang im Park machst, an dem du sowieso vorbeikommst, einfach ein paar entspannte Minuten mit etwas Musik in deinem Auto verbringst oder das Auto daheim abstellst und den kurzen Weg zur Kita zu Fuß zurücklegst. Wichtig ist nur, dass du tatsächlich ein paar Minuten ganz bewusst zur Ruhe kommst. Denn später wartet neben deinem kleinen Liebling auch noch dein Haushalt. Und auch hier wollen uns die Hochglanzfotos und Möbelstudios weismachen, dass es zu Hause immer perfekt aussehen muss, auch im Kinderzimmer. Nichts steht rum, alles sieht aus wie frisch geputzt und fast unbewohnt. Lediglich drei Deko-Artikel sollen ein wenig Gemütlichkeit in das Zimmer bringen. Aber ist nicht gerade ein wenig, gut dosierte Unordnung gemütlich? Du darfst doch jedem Besucher zeigen, dass du eine Mama bist, und da stapeln sich schon mal Spielsachen im Wohnzimmer, liegen Schuhe kreuz und quer im Flur oder liegen Krümel auf dem Esstisch. Na und?

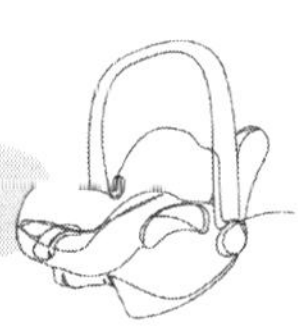

Das zeugt doch von Leben und Kinder sind Leben! Natürlich kann dies einer bis zur Geburt ihres ersten Babys ordnungsliebenden Frau enorm aufs Gemüt schlagen. Wenn du dazugehören solltest, kannst du entweder versuchen, trotzdem Ordnung zu halten oder ein bisschen Unperfektion in dein Leben lassen. Das heißt schließlich nicht, dass alles im totalen Chaos versinken soll. Jede Mama hat so ihren ganz eigenen Rahmen von Ordnung und Sauberkeit, der für sie gerade noch akzeptabel ist.

Kleiner Mutmacher

„Gute Mütter haben verstaubte Regale, schmutzige Fenster, volle Wäschekörbe. Aber was viel wichtiger ist, glückliche Kinder." Wenn dir also mal wieder alles zu viel erscheinen mag und du nicht weißt, wo deine Kräfte noch herkommen sollen, dann erinnere dich an diesen wirklich guten Spruch, den du übrigens im Handel als Karte, Blech- oder Holzschild kaufen kannst.

Was die Gesellschaft alles anrichten kann

Diese vielen vorbildlichen Müttern, die scheinbar mit Leichtigkeit ihren Alltag trotz Kindern bestreiten, sind so nicht vorhanden. Das solltest du dir immer vor Augen halten, wenn dich mal wieder Selbstzweifel quälen. Du bist eine gute Mama, auch wenn du nicht so perfekt bist wie in der Werbung oder in den sozialen Netzwerken! Für deine täglichen Anstrengungen solltest du dich immer wieder loben, denn der Alltag einer Mama ist vollgepackt mit Aufgaben. Ziehst du am Abend ein Resümee, wirst du merken, wie viele Dinge du erledigt hast, und das ist auf jeden Fall ein großes Lob wert! Natürlich kommen die Stunden, in denen du dich besseren Wissens dennoch mit den perfekt inszenierten Müttern vergleichst, weil bei dir zu Hause gerade etwas gewaltig schiefläuft. Das sollte aber

nur hin und wieder vorkommen, weil du sonst schnell mit tiefen Versagensängsten leben musst und sogar ins Burn-out oder die Depression rutschen kannst.
Die permanente Konfrontation mit den Idealbildern von Müttern durch die Gesellschaft und die gut gemeinten Ratschläge aus der Verwandtschaft und dem Freundeskreis können eine junge Mama auf Dauer stressen. Auch in zahlreichen Zeitschriften und Büchern über dieses Thema kannst du Anleitungen zum Muttersein finden. Je mehr du dich auf diese Tipps einlässt, umso schwieriger wird es sein, die für dich und dein Baby/Kind geeigneten Methoden zu finden. Nach und nach verlierst du dadurch deinen eigenen Weg und dein Bauchgefühl. Irgendwann werden die Zweifel und der Druck von außen so groß, dass du dich mehr mit deinen Gedanken beschäftigst und das Wesentliche, nämlich dein Leben und deinen kleinen Liebling, aus den Augen verlierst. Bist du erst in diesem Strudel der Selbstzweifel können sich über kurz oder lang psychische Störungen entwickeln. Viele solcher Fälle können dann nur noch medikamentös behandelt werden und das wäre echt schade. Denn diese Belastungen kommen ja nicht eigentlich aus dir und deiner Familie, sondern von falschen Erwartungen, die dir von außen aufgelastet werden. Deshalb solltest du achtsam sein und dich immer wieder selbst reflektieren, um rechtzeitig erkennen zu können, wann die Selbstzweifel überhandnehmen. Scheu dich nicht und suche dir rechtzeitig Hilfe! Mittlerweile gibt es einige Berichte von betroffenen Mamas im Netz, die ein Leben mit Depression und Burn-out aus ihrer Sicht beschreiben. Sie zeigen dir die wahren Ausmaße eines Alltags, der vor allem für die Kleinsten alles andere als rosig ist. Wenn eine depressive Mutter keine Energie aufbringen kann, um das Bett zu verlassen, ist der Anblick für ein Kind furchtbar. Denn die meisten dieser Mamas waren ein paar Wochen zuvor noch aktiv und vergnügt. Diesen furchtbaren Einschnitt in ein junges Leben können die Kleinen nicht verstehen und fühlen sich oft selbst schuldig. Viele Kinderärzte beobachten in Familien mit depressiven Eltern Verhaltensauffälligkeiten

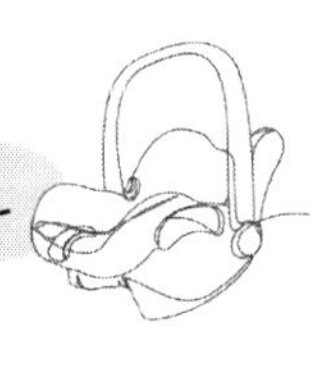

und Entwicklungsstörungen. Bist du bereits von einer Depression betroffen, solltest du dir also schon allein deinem Kind zuliebe Hilfe suchen und auch die verschriebenen Medikamente nehmen, um deinen Alltag bald wieder entsprechend meistern und auch genießen zu können. Um deinem kleinen Schatz die Chance zu geben, in einem gesunden, starken und gefestigten Umfeld aufzuwachsen, ist es essenziell, sich selbst als Mama zu stärken. Ein zielgerichtetes und frühzeitiges Entgegenwirken hilft dabei, dem sich ständig drehenden Gedankenkarussell zu entkommen und einer Überlastung, beispielsweise durch Unperfektion, vorzubeugen.

Kleine Übung zur Achtsamkeit

Gib auf dich selbst Acht, als wärst du dein eigenes Kind. Deinem kleinen Liebling würdest du nämlich nicht zu viel aufbürden und stattdessen bei den kleinsten Schwächen deine Hilfe anbieten. Vielleicht ist der Abend die beste Zeit, um sich selbst zu reflektieren. Nachdem du dein Baby oder Kind ins Bett gebracht hast, ist es endlich Zeit zum Entspannen. Wenn es dir möglich ist, hilft ein kleiner Spaziergang, einfach ein paar Schritte vor die Tür, in den Garten oder frische Luft auf deinem Balkon oder am offenen Fenster. Atme ein paar Mal mit allen Sinnen ein und aus und fühle anschließend, wie es dir geht. Bist du glücklich, genervt, kaputt, aber zufrieden, ausgelaugt oder frustriert? Sobald die negativen Gefühle überwiegen, ist es Zeit zu handeln! Ein Übergewicht der positiven Emotionen ist dagegen wunderbar, je mehr, desto besser!

Um es noch einmal kurz auf den Punkt zu bringen – die Gesellschaft erkennt die Leistung der Mütter kaum an. Dabei wäre es wichtig, sie zu unterstützen und ihre wertvolle Arbeit, die sie für die Gesellschaft vollbringen, zu würdigen. Leider ist oft das Gegenteil der Fall und viele junge Mamas müssen sich vor anderen oder sich selbst rechtfertigen, weil sie ihren eigenen Weg gehen und vielleicht andere Erziehungsmethoden, Lebensvorstellungen oder Ziele haben, als ein Teil der Bevölkerung für richtig erachtet. Sobald du als Mama das Gefühl hast, deinem Kind geht es gut und seine Entwicklung geht stetig, in seinem passenden Tempo voran, dann machst du alles richtig! Dann bist du zwar nicht perfekt, denn eine perfekte Mama gibt es schließlich nicht. Dann bist du aber äußerst qualifiziert! Also schmeiß einfach alle Zweifel, das schlechte Gewissen, welches vielleicht an dir nagt, Schuldgefühle und andere kräftezehrende Bedenken über Bord und bleib du selbst, eine liebende Mama mit starkem Rückgrat, Achtsamkeit gegenüber dir selbst, voller Selbstfürsorge und mit der gewissen Unperfektion, die dein Leben leichter macht.

Dürfen wir Sie kurz unterbrechen?

Ihre Meinung als Leser ist gefragt. Dieses Buch soll Ihnen ein angenehmes Leseerlebnis bereiten und ermöglichen, einen echten Mehrwert für Ihr Leben mitzunehmen.

- Daher bitten wir Sie herzlich um Ihr Feedback:
- Hat Sie dieser Ratgeber weitergebracht? Was können wir verbessern? Haben Sie bestimmte Inhalte vermisst, die in der nächsten Auflage Beachtung finden sollen?
- Oder gefällt Ihnen etwas gar nicht?

Insbesondere falls Sie mit diesem Buch unzufrieden sind, bitten wir Sie, uns Ihre ehrliche und ungeschönte Meinung mitzuteilen.

Schreiben Sie einfach eine formlose Mail an verlags.kontakt@gmail.com und teilen Sie uns Ihren persönlichen Eindruck mit.

Wir freuen uns auf ihr Feedback und wünschen viel Spaß beim Weiterlesen!

Im Namen des Familienglück Verlages

Tom Bernhardt

Tom Bernhardt

Selbstreflexion – wie siehst du dich als Mama?

Bist du in deinen Augen eine gute Mutter?

Gerade hast du von der Meinungsbildung einer Gesellschaft gelesen, die Mütter nicht sonderlich stärkt. Aber wie genau siehst du dich in deiner Rolle? Bist du zufrieden mit deinem Leben als junge Mama? Kommst du mit deinem Alltag gut zurecht? Oder fragst du dich ständig, ob du alles richtig machst und welche Meinung andere über dich haben könnten? Oder ärgerst du dich über unsanfte Kommentare deiner Familie und Freunde? Möglicherweise hast du dir diese Fragen noch gar nicht selbst gestellt? Dann solltest du dies unbedingt tun, denn dadurch findest du am leichtesten heraus, wie du dich als Mama siehst. Auch dies ist wieder eine Übung zur Achtsamkeit und Selbstfürsorge, die du wunderbar nutzen kannst, um deinen persönlichen Stellenwert auszuloten. Denn nur wer für sich selbst sorgt und liebevoll mit sich umgeht, wird kleine Krisen leicht überstehen und große Krisen als Herausforderung annehmen, die zu bewältigen sind, um als Siegerin daraus hervorzugehen.

Fragebogen „Bin ich eine gute Mama?"

Manchmal fällt es einem schwer, genau zu sagen, was man als Mama super macht und wo noch Nachholbedarf besteht. Deshalb findest du hier eine Liste mit Anregungen von Emotionen, Charaktereigenschaften und „Talenten", den Alltag zu organisieren. Für jedes Merkmal findest du einen positiven Ausdruck, den du gerne mit einem Buntstift grün kennzeichnen kannst, und einen negativen, kennzeichne diesen mit Rot. Füll diese Liste gern aus und lies hinterher, wie du auf dich selbst wirkst. Je mehr grüne Punkte du am Ende erreichst, umso entspannter und gelassener lebst du mit deinem Nachwuchs. Sollten viele rote Punkte dabei sein, ist es an der Zeit, etwas für dich zu tun, damit du dich nicht zu sehr verausgabst. Vielleicht lässt du den Fragebogen auch von deinem Mann oder deiner Schwester/Freundin/Mutter/Oma ausfüllen, um herauszubekommen, ob du dich selbst zu streng bewertet hast.

Trage deine jeweilige Punktzahl hinter den Begriffen ein.

- sehr selten (1x pro Monat und weniger) = 1 Punkt
- selten (2-3x pro Monat) = 2 Punkte
- manchmal (1x pro Woche) = 3 Punkte
- häufig (3-5x pro Woche) = 4 Punkte
- sehr häufig (täglich) = 5 Punkte

Gefühle und Stimmungen

glücklich – *traurig*:

mit sich selbst im Reinen – *unausgeglichen:*

entspannt – *unentspannt:*

gegenüber anderen Meinungen gelassen sein – *unsicher werden:*

liebevoll sein – *eher kühl sein:*

volles Vertrauen in dein Kind haben – *etwas unsicher sein:*

bereit, Fehler zu machen – *Fehler zeigen Schwäche:*

zuhören können – *vom Zuhören genervt sein:*

sich über etwas freuen können – *gleichgültig sein:*

bedingungslos lieben – *an die Beziehung Bedingungen stellen:*

Reaktionen

kuscheln, in den Arm nehmen – *Kind ignorieren:*

einen Fehler verständnisvoll erklären – *schimpfen:*

für einen Erfolg loben – *nicht loben:*

über ein Missgeschick hinwegtrösten oder lachen – *genervt reagieren, schimpfen:*

sicher im Leben stehen – *bei der kleinsten Krise aus der Bahn geworfen werden:*

Alltagsmanagement

Zeit für kleine Pausen müssen drin sein – *lieber perfekt (Haushalt, Aussehen etc.) und keine Pause:*

leichte (sympathische) Unordnung – *perfekte Ordnung:*

leicht chaotischer Alltag – *perfekt durchorganisierter Alltag:*

wenige Aufgaben einplanen und dafür alle erledigen – *zu viel vornehmen und nicht alles erledigen:*

wenig Termine – *viele Termine:*

Nachdem du dir nun ein Bild von dir selbst als Mama machen konntest, hast du mit Sicherheit die Bereiche gefunden, in denen du bereits absolut spitze bist. Dabei musst du nicht täglich glücklich sein oder immer gelassen reagieren. Das kann keine Mama. Wenn du dir viele grüne 4er Punkte geben konntest, ist das super! Du sollst diese Tabelle schließlich nicht als Ansporn sehen, alles perfekt machen zu wollen. Jeder hat seine Schwächen und Stärken. Und deine persönlichen Stärken sind die, die deine Schwächen kompensieren können. Wenn du also öfter mal unentspannt bist und du dennoch dein Kind viel und oft in den Arm nehmen oder mit ihm kuscheln kannst, ist dies ein Ausgleich für euch beide. Dein Kind erfährt ausreichend Zuwendung und lernt, dass auch seine Mama ab und zu negative Gefühle haben kann. Und ganz nebenbei hilft dir die Kuschelzeit, um deine Anspannung abbauen zu können.

Wenn in deiner Auswertung viele rote Punkte auftauchen sollten, ist das ein Zeichen dafür, dass du gestresst bist. Dennoch solltest du nicht in Panik ausbrechen. Dieser Hinweis soll dich einfach motivieren, deinen Alltag und damit dein Pensum zu überdenken, damit du an der ein oder anderen Stelle eine Pause einbauen kannst. Solltest du beispielsweise hohe Ansprüche an Ordnung und Perfektion stellen, erscheinen dir die Aspekte des Alltagsmanagements in der Auswertung vielleicht zu hart, weil du eben dort viele rote Punkte gesammelt hast. Mir ist es wichtig, deine Ordnungsliebe nicht infrage zu stellen, sondern nur darauf hinzuweisen, dass ein wenig Unperfektion deinen Alltag mit Kindern entlasten kann. Es geht auch nicht darum, das genaue Gegenteil von Ordnung und Perfektionismus anzusteuern, sondern nur darum, ein bisschen weniger Stress ins Leben zu lassen. Zeit, die du beispielsweise nicht mehr in die tägliche Reinigung von Glastüren wegen winziger Fingerabdrücke investieren musst, könntest du anderweitig nutzen, unter anderem für eine kleine Entspannungspause. Und die Fingerabdrücke, sollten sie dich wirklich extrem stören, überklebst du einfach mit ein paar selbstgemalten Bildern deines kleinen Lieblings. Dann sind sie unsichtbar und die Glasscheibe ist aufgehübscht. Ich möchte dich also nur ermuntern, dein Bild von dir als Mama zu nutzen, um ein paar neue Impulse zu erhalten, mit denen du dein Leben etwas „entrümpeln" und lockerer angehen kannst. Probiere es einfach mal aus!

Denn um eine gute Mama zu sein, braucht es nicht viele, aber wertvolle Dinge – vor allem Liebe, Verständnis und Zeit, um den Kleinen einen guten Start in das Leben zu sichern. Bereits durch das Stillen oder Kuscheln im Babyalter erfahren Kinder Geborgenheit und eine bedingungslose Liebe, die sie für die Zukunft stark machen. Je älter dein Kleines wird, umso mehr wird es mit der Entwicklung anderer, gleichaltriger Kinder verglichen. Das kann eine Mama stressen, wenn sie ihrem Kind nicht zutraut, Neues in seinem ihm eigenen Zeitrahmen zu erlernen, denn auch Kinder sind nicht perfekt und halten sich demzufolge nicht an vorgeschriebene Daten. So laufen manche Babys schon mit 10 Monaten, wohingegen andere fast zwei Jahre dazu brauchen. Eine gute Mama akzeptiert ihren kleinen Schatz so, wie er ist. Da die Kleinen von ihrem Umfeld und in erster Linie von der Mutter lernen, ist es auch wichtig, selbst mit seinem Leben zufrieden zu sein. Die positive Einstellung einer Mama lässt das Kind wachsen und voller Freude in die Zukunft tapsen, weil es weiß, dass es geliebt wird. Diese Liebe kann eine Mama auch in der Zeit ausdrücken, die sie sich dem Kind widmet. Natürlich geht das nicht 24 Stunden am Tag, aber allein, wenn dein Kleines weiß, du bist immer da, wenn es dich braucht, kann dieses Vertrauen sein Selbstbewusstsein stärken.

Mutmacher-Spruch

Mit einer Kindheit voll Liebe aber kann man ein halbes Leben hindurch für die kalte Welt haushalten (Jean Paul).

Welche Sorgen hast du?

Vor der Geburt träumt jede Mama von der Zeit mit ihrem Baby. Sie gestaltet in Gedanken das neue Leben, immer mit den besten Intentionen für die kleine Maus oder den kleinen Racker. Und sobald der Alltag die frisch gebackene Mama überrumpelt, machen sich Sorgen breit, weil irgendetwas nicht so klappt, wie es in den schönen Träumen war. Das passiert jedoch jeder Mama und ist kein Grund, sich ernsthaft Sorgen zu machen. Dennoch ist es immer wieder gut, Ängste zu erkennen und diese mit umsichtigen Maßnahmen zu beheben. Nur wer die Augen davor verschließt, häuft viele kleine Sorgen und Bedenken zu einem gewaltigen Haufen an, der sich dann nur schwer abbauen lässt. Sich also regelmäßig mit Selbstfürsorge seinen kleinen Befürchtungen zuzuwenden, ist förderlich. Stehst du vielleicht vor der Entscheidung, nach 12, 18 oder 24 Monaten in deinen Beruf zurückzukehren, bringt dies zwangsläufig einige Sorgen mit sich. Du fragst dich höchstwahrscheinlich, wie andere Menschen in deinem Umfeld auf deine Entscheidung reagieren und kämpfst sicherlich mit einem schlechten Gewissen, dein Kind im Zuge der Tagesbetreuung in andere Hände zu geben. Sich bewusst mit diesem Thema und allen damit verbundenen Emotionen zu beschäftigen, ist der erste Schritt in Richtung der Lösung. Nachdem du dir von anderen Meinungen kein schlechtes Gewissen einreden lässt und aus dem Vertrauen und der stabilen Basis zwischen dir und deinem Kind schöpfen kannst, wirst du eine gute Entscheidung treffen können. Vertrau auch in diesem Fall deinem Bauchgefühl! Solltest du dein eigenes Gewissen nicht beruhigen können, hilft meist nur der Praxistest. Suche gezielt Möglichkeiten, deinen kleinen Liebling für eine gewisse Zeit in andere Hände zu geben, beispielsweise bei der Oma, der Tante oder zur Probe bei einer Tagesmutter. Kinder lernen sehr schnell und sind für alles offen. Sofern sie wissen und merken, dass irgendwann die Mama wiederkommt und sie mit nach Hause nimmt, trauen sich die Kleinen diese Abnabelung zu. Nun musst auch du

mutig sein und selbst vertrauen! Dann haben sich diese Sorgen ganz schnell aus deinem Leben verabschiedet und du kannst mit deinem kleinen Wonneproppen gestärkt in die Zukunft gehen.

Viele Mamas machen sich insbesondere Sorge darum, ob sie in unserem modernen und immer hektisch werdenden Alltag zu wenig Zeit mit ihrem Kind verbringen. Dass dies – gerade im Vergleich zu früher – sehr selten der Fall ist, hat unter anderem eine amerikanische Studie im Vergleich mehrerer westlicher Länder herausgefunden. Heutzutage verbringen Mütter meist mehr Zeit mit ihren kleinen Rackern als noch in den 1950er-/1960er-Jahren. Damals beschäftigte sich eine Mutter durchschnittlich 52 Minuten pro Tag mit einem Kind. Diese Zahl ist bis heute auf das Doppelte angestiegen, Väter nicht mit eingerechnet. Sie nehmen sich ebenfalls deutlich mehr Zeit, und zwar 59 Minuten pro Tag. Diese beiden Zeitangaben verdeutlichen nur den Zeitaspekt. Die Qualität der Beschäftigung mit den eigenen Kindern hat sich gleichfalls verbessert. Die verbrachte Zeit mit den Kleinen wird heutzutage intensiv genutzt, um Geschichten vorzulesen, gemeinsam zu spielen oder zu basteln, Ausflüge zu unternehmen oder sich in Mutter-Kind-Gruppen mit Gleichgesinnten zu treffen. Dieser Ansatz ist für die Entwicklung der Kinder lobenswert, sollte aber nicht in einem Streben nach der perfekten Mama-Kind-Zeit enden. Wenn du nur noch vom Babyschwimmen zum

Mutter-Kind-Turnen rennst und Lernspiele das Nonplusultra sind, könntest du dein Engagement leicht übertreiben und am Ende ausgepowert und gestresst sein. Die Balance zwischen der Förderung deines Kindes und der Selbstfürsorge gegenüber deinem Körper und Geist sollte das wichtigste Kriterium sein, um gemeinsam schöne und entspannte Stunden verbringen zu können. Dann haben alle Seiten etwas von dem erfüllten Miteinander.

Kleine Übung zur Achtsamkeit:

Wenn dich Sorgen quälen, egal ob groß oder klein, dann hilft meist die Betrachtung aus einem anderen Blickwinkel. Weil wir Menschen Gewohnheitstiere sind, ist es so schwer, aus dem Gedankenmuster auszubrechen und neue Impulse zu erhalten, die schon der Anfang einer Lösung sein könnten. Vielleicht hebt sich die Sorge auch ganz auf, wenn du folgende Übung probierst. Stelle dich auf einen Stuhl oder eine Leiter und blicke dich einfach um. Von oben sieht alles ganz anders aus. Oder du legst dich wie dein Kleines auf den Boden und schaust deine Umgebung von hier aus ganz genau an. Auch wenn dir der Sinn vielleicht zunächst verborgen bleibt, so registriert dein Unterbewusstsein die veränderte Position und verarbeitet sie. Im Unterbewusstsein werden alle Erinnerungen, Eindrücke, Vorstellungen, Einstellungen, Handlungen und Motive gesammelt, und zwar mit den Reizen von außen, die wir in einem Augenblick gar nicht alle bewusst wahrnehmen können. Dazu zählen unter anderem Gerüche, Geräusche, Farben, Formen, Bilder und Berührungen. In anderen Situationen können diese dann als Intuition zurückkommen, wenn du dich beispielsweise aus unerfindlichen Gründen gegen einen Spaziergang mit deinem Kind entscheidest und es kurze Zeit später mit Fieber im Bett liegt. Diese innere Stimme ist unendlich wichtig und schöpft ihr Wissen aus deinem Unterbewusstsein. Kommen nun neue Erfahrungen und Blickwinkel hinzu, entwickelt sich dein Unterbewusstsein weiter und eröffnet dir neue Möglichkeiten, um das Unbehagen und die Sorgen anzunehmen und in Vertrauen und Zuversicht umzuwandeln. Manchmal verschwinden kleine Sorgen bei dieser Übung von ganz allein, weil dein Unterbewusstsein durch die neue Sichtweise sagt, dass es gar keine ernsthaften Bedenken gegeben hat.

Kleiner Mutmacher:

Mach es wie dein Baby/Kind – sei mutig und erobere ohne Ängste und Sorgen die Welt! Babys werden mit einem großen Paket Vertrauen geboren. Kinder-Ängste, wie Trennung von der Mama oder Furcht vor Dunkelheit, entwickeln sie erst im Laufe der Zeit. Und die Kleinen lernen meist ganz schnell, mit ihnen umzugehen. Also trau dich auch!

Sprich mit anderen über deine Ängste und Sorgen!

Sorgen und Ängste gehören zum Mamasein einfach dazu. Das ist ganz normal. Doch wie geht man damit um? Überlege zunächst ganz rational, ob deine Ängste berechtigt sind. Ein Beispiel: Du weißt nicht, ob du das Fenster in dem Zimmer, in dem dein Kind gerade spielt, offen gelassen hast? Gut, dass du dir Sorgen machst und nachsiehst. Du bist nicht bei deinem Kind und fragst dich, ob dein Partner/die Oma/dein Babysitter ein Fenster geöffnet hat? Lassen dir diese Sorgen keine Ruhe? Dann ruf gerne an und vergewissere dich. Du kannst nicht schlafen, weil es Fenster gibt und irgendjemand irgendwann eines offenlassen könnte? Dann ist es dringend notwendig, dein Gedankenkarussell in den Griff zu bekommen!

Wenn sich die Sorgen jedoch nicht einfach aus dem Kopf verbannen lassen, wird das gezielte Heraustreten aus dem Gedankenkarussell ganz wichtig. Suche dir eine kleine Aufgabe, die etwas Positives bewirkt. Du könntest dein Lieblingslied hören und laut dazu singen oder tanzen, deinen Pflanzen etwas Nettes sagen oder unsinnige Reime erfinden (das macht übrigens größeren Kindern viel Spaß). Sobald du merkst, dass sich deine Gedanken den Sorgen zuwenden, musst du aktiv werden und deine positive Aufgabe erfüllen. Nimm immer dieselbe, damit du das Prinzip schnell verinnerlichen kannst. Nach einiger Zeit wird der alleinige Gedanke an die Aufgabe reichen, die Bedenken beiseitezuschieben. Nun dreht sich das Karussell langsamer und es ist soweit, dass du dich deiner berechtigten Sorge stellen kannst, um sie erfolgreich bearbeiten zu können. Wenn möglicherweise im Büro immer wieder die Angst auftaucht, dass deinem Kind in der Kita etwas zustoßen könnte, sei es ein Sturz vom Klettergerüst oder eine Verletzung durch ein anderes Kind, dann kannst du natürlich nicht laut singen oder wild tanzen. In diesem Fall wäre das Aufschreiben eines Satzes geeignet: „Ich habe Vertrauen in die ErzieherInnen – sie passen gut auf meinen Liebling auf!" Gern kannst du dir für andere Arbeitsplätze oder Situationen selbst eine gute positive Aufgabe einfallen lassen.

Du könntest anstelle dieser Übung auch das Gespräch mit anderen Personen suchen. Nahestehende Menschen, wie der Partner oder die Schwester, kennen dich sehr gut und können dir bei sehr persönlichen Sorgen helfen. Möglicherweise bist du vorsichtig und manchmal auch ängstlich, wenn es um Spielplatz-Besuche geht, weil dein Kind ein wilder Kerl oder ein stürmisches Mäuschen ist. Deine nahen Verwandten können dich in diesem Fall vielleicht besser unterstützen, weil sie wissen, wie man dich ermuntert, deinem Kind mehr zuzutrauen. Freundinnen könnten die richtige Wahl sein, wenn es um Bedenken geht, mit denen dein Partner zu tun hat. Unter Umständen hast du das Gefühl, dass dein Mann auf sein Baby/Kind eifersüchtig reagiert und machst dir um das Verhältnis der beiden Sorgen. Andere junge Mamas in Eltern-Kind-Gruppen könnten in vielen Fällen ebenfalls ideale Ansprechpartnerinnen sein, weil sie gerade Ähnliches durchleben wie du selbst. Egal, welche Person/en du ins Vertrauen ziehst, es hilft auf jeden Fall, mit anderen über seine Ängste und Sorgen sprechen zu können. Der Austausch untereinander gibt dir wieder die Möglichkeit, andere Blickwinkel zu erhalten. Manch festgefahrene Sorge kann durch eine neue Idee, eine andere Auslegung oder eine gute Erfahrung vom jeweiligen Ansprechpartner schnell verringert oder gar beseitigt werden. Als weiterer Vorteil beim Sprechen über Sorgen und Ängste kann die Gemeinschaft angesehen werden. Wir Menschen fühlen uns im gemeinsamen Verbund wohler als allein. Dieses Grundbedürfnis wird uns seit jeher mitgegeben und soll das Überleben der Menschheit sichern. Es ist deshalb nicht verwunderlich, dass geteilte Sorgen auch nur halbes Leid bedeuten. Sobald mehrere Mamas die gleichen Bedenken und Ängste teilen, fühlst du dich als Einzelperson schon weniger verletzlich oder unsicher. Und wenn du noch weißt, dass Generationen von Müttern vor dir ähnliche Sorgen hatten und diese in den Griff bekommen haben, dann hilft auch das weiter. Sie haben sich ihren Ängsten gestellt und sind in der Regel gestärkt aus diesen Situationen heraus gegangen. Deshalb möchte ich dir raten, nichts in dich hineinzufressen und allein bewältigen zu wollen, sondern gezielt das Gespräch mit anderen Personen zu suchen.

Wenn dir offene Gespräche jedoch nicht sehr liegen und du lieber alles einem Tagebuch anvertrauen möchtest, ist das selbstverständlich ein weiterer Weg, mit Sorgen und Ängsten umzugehen. Sich etwas von der Seele zu schreiben, befreit dein Unterbewusstsein bereits von einem Teil der Bedenken, weil du diese Dinge an jemanden abgeben konntest. Diese Befreiung macht in deinem Geist Platz, den du für gute Lösungen zu diesem Problem nutzen kannst. Auch das Beten, falls du es gern praktizierst, ist eine sinnvolle Art, mit seinen Ängsten und Befürchtungen umzugehen. Ebenfalls anonym kannst du dich in verschiedenen Foren und Blogs umsehen, ob es dort Mamas mit ähnlichen Sorgen gibt. Einige Mütter berichten manchmal recht schonungslos und offen über ihren Alltag, ihre Gefühle, Bedenken und Erfahrungen. Wenn du ab und zu solche Texte liest, wirst du merken, dass es vielen Mamas ähnlich geht wie dir. Diese große Gemeinschaft von immerhin 11 Millionen Müttern in Deutschland lässt deine Sorgen schon kleiner werden, denn niemand lebt einfach unbesorgt, erst recht nicht mit Kindern.

Kleiner Mutmacher

Sorgen können einem durchaus das Leben schwer machen. Doch es gibt Wege, auch das Mama-Leben leichter zu gestalten. Eine meiner Lieblingsmethoden ist die Musik. Spiel eine Playlist mit deinen Lieblingssongs und schon wird es dir gut gehen, denn Musik hören, und natürlich auch machen, kann heilen! So können Ängste gelindert und die Entspannung gefördert werden. Wichtig dabei ist, dass dir die Musik gefällt, ganz gleich, ob es für dich Hardrock oder Volksmusik ist. Wenn du mitsingst oder tanzt, kannst du dich noch besser vom Druck der augenblicklichen Situation lösen. Mit Kreativität erreichst du ähnliche Erfolge, sofern sie dir Spaß machen. Dabei kannst du beispielsweise malen, Geschichten schreiben, basteln oder den Garten gestalten. All die Dinge, mit denen du dich ausdrücken kannst, fördern die Verarbeitung von Sorgen und Ängsten. Also ran an die Musik oder die Kunst! Und dabei kannst du wunderbar dein Kind mit einbeziehen.

Wie sehen Kinder ihre Mamas?

Kindermund tut Wahrheit kund

Die schönsten, unglaublichsten, unerwartetsten, aber auch ehrlichsten Liebeserklärungen bekommt eine Mama meist von ihrem Kind. Bereits die ganz Kleinen können dir mit einem Lächeln über ihre dicken Pausbäckchen zeigen, wie zufrieden und glücklich sie sind. Das geht einer gestressten Mama runter wie Öl. Wenn die kleinen Racker dann langsam die Welt entdecken, brauchen sie Hilfe und nehmen liebend gern deine Hand. Das Gefühl von Sicherheit und Vertrauen sollte in dir ebenfalls wie eine Liebeserklärung wirken, ganz ohne Worte, aber mit viel Herz. Bei den ersten Schritten machen sie oft glucksende Geräusche und sind so wahnsinnig stolz auf ihre Leistung, dass dich das sicherlich auch stolz und glücklich macht. Nach jeder Entwicklungsstufe können sich die Kleinen vielfältiger äußern und zeigen dir irgendwann in gemalten Bildern, Basteleien, Umarmungen und irgendwann auch in Worten, wie gern sie ihre Mama haben. Meine Jüngste hat in der Kita zusammen mit ihren Erzieherinnen zum Muttertag ein Papier mit Fragen zu mir als Mama ausgefüllt. Es ging dabei um Lieblingsfarben, welche Kleidungsstücke meinem Kind an mir am besten gefallen, was meine Tochter gern mit mir zusammenspielt und so weiter. Die beste Spalte war jene mit der Frage, was ich am besten kann. Die Antwort meiner Jüngsten: schlafen! Im ersten Augenblick habe ich gedacht, oh Gott, was denken die anderen Mütter nun von mir, denn die ausgefüllten Blätter hingen wunderbar präsent im Flur der Kita. Diesen Gedanken habe ich schnell beiseitegeschoben, denn von anderen Meinungen wollte ich mir natürlich keinen Druck machen. Dann habe ich gelacht, denn meine Kleine hatte recht. Wir nahmen uns nämlich jeden Abend ausreichend Zeit zum gemeinsamen Vorlesen, Kuscheln und Schlafengehen. Also war dies auf jeden Fall eine wundervolle Liebeserklärung! Andere Mamas hatten auch toll ausgefüllte Fragebögen. Sie konnten unter anderem gut Zähne putzen, staubsaugen oder telefonieren. Nun fühlte ich mich erst recht geschmeichelt, denn ich wurde für gemeinsam verbrachte Zeit gelobt und nicht als beste Hausfrau oder Schnatterliese.

Und so konnte ich schwarz auf weiß lesen, was viele Ratgeber, Studien und unzählige Erfahrungen von Müttern zeigen: Dass Kinder keine perfekten Mamas wollen, sondern solche, die für sie Zeit haben! Auch du erinnerst dich heute sicherlich am liebsten an die Zeiten, in denen sich deine Mutter intensiv mit dir beschäftigt hat. Dabei müssen es gar nicht die neuesten Spiele, die hochwertigsten Bastelutensilien oder die spektakulärsten Ausflüge sein. Die meisten Kinder lieben es, die Erwachsenen nachzuahmen, von ihnen zu lernen und einfach nur dabei zu sein, um sich selbst ein Bild machen zu können. Gerade Kleinkinder mögen es, zu rühren (auch wenn es nur ein Löffel und eine Schüssel aus deinem Küchenschrank sind), zu kochen und zu backen (am liebsten im Sandkasten) oder einkaufen zu spielen (es reichen auch ausgewaschene Plastikverpackungen). Noch viel lieber sind die Kleinsten bei denselben, aber realen Aufgaben dabei. Auch wenn es mehr Arbeit und vor allem mehr Stress bedeutet, solltest du deinem kleinen Liebling diesen Gefallen ab und zu tun. Er lernt fürs Leben. Im gleichen Atemzug kannst du dein Kind in den Alltag mit einbeziehen und es beispielsweise frühzeitig beim Tischdecken helfen lassen. Lobe deinen kleinen Liebling immer wieder, denn das ist Ansporn und Danke in einem! Und wenn dein Kleines gut aufpasst, wird es in naher Zukunft auch dich loben, wie gut du kochen kannst oder wie schön du aufräumst!

Ab etwa zwei Jahren beschäftigen sich Kinder intensiv mit den sie umgebenden Erwachsenen, darunter die Eltern und Erzieher/innen. Sie beobachten dann mit großer Sorgfalt und Aufmerksamkeit das Verhalten der Erwachsenen und ahmen dieses nach, siehe obiges Beispiel vom Tischdecken. Beobachte bei deinem kleinen Liebling ruhig öfter und achtsam die nachgeahmten Bewegungen, Mimik und Gestik. Sogar Seufzer und später Wörter, Sprüche oder Teile von Sätzen können dich als Mama immer wieder zum Lachen und manchmal auch zum Nachdenken bringen. Wenn du beispielsweise immer wieder sagst: „Oh nein, das jetzt auch noch.” wird dein Kleines dies irgendwann wiederholen. Deshalb ist es wichtig zu versuchen, immer positiv und optimistisch zu bleiben, auch wenn mal wieder etwas schiefgeht. Diesen Nachahmungseffekt kannst du dir selbstverständlich auch für deine Entwicklung zur gelassenen Mama zunutze machen. Je öfter du beispielsweise „Ich brauche mal eine kleine Pause.” sagst, umso schneller wird dein Kind diese „Floskel” aufgreifen und sie ebenfalls ausrufen. Wenn es so weit ist, solltest du mit deinem kleinen Liebling tatsächlich eine kleine Pause machen, in der ihr euch umarmen, in Ruhe ein Glas Wasser oder was auch immer trinken oder eine Mini-Geschichte erzählen/vorlesen könntet. Die Erzählung kann auch schon dein kleiner Schatz übernehmen und muss nicht zwangsläufig von dir kommen. So erfährst du oft, was in deinem Kind vorgeht und mit ein wenig Glück ist auch hier eine Liebeserklärung dabei. Auf jeden Fall habt ihr eure Zeit gezielt gemeinsam verbracht und das ist das Wichtigste für eine starke Bindung, gegenseitiges Vertrauen sowie bedingungslose Liebe und Geborgenheit, die dem Kind Sicherheit schenkt.

Zeig deine Gefühle!

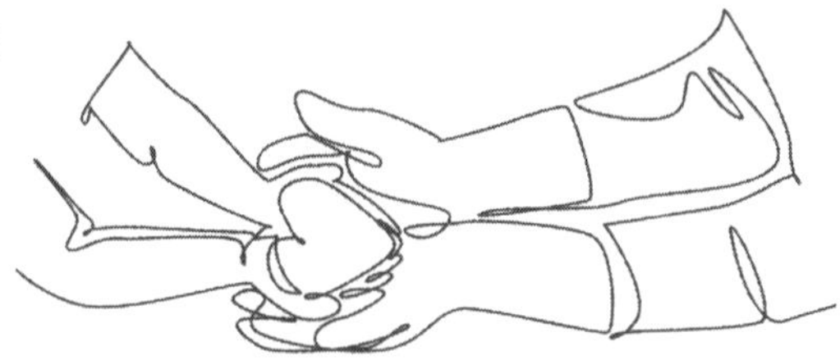

Wie du im vorherigen Kapitel lesen konntest, möchten die Kleinen die Menschen in ihrer nahen Umgebung nachahmen. Das gilt nicht nur für alltägliche Aufgaben, sondern auch für Reaktionen, Gefühle und die gemeinsame Verständigung. Um das Geschehene nicht nur nachahmen, sondern auf emotionaler Ebene auch verstehen zu können, muss jedes Kind zunächst sich selbst als eigenes Individuum wahrnehmen. Dies lernt es in der von vielen Eltern gefürchteten Trotzphase, die mit etwa zwei Jahren beginnt. Wenn du nun weißt, dass ein Kind sich dadurch weiterentwickelt, ist diese Zeit vielleicht ein wenig leichter zu überwinden. Dein Kleines lernt sich selbst als eigenständige Person kennen und bildet einen eigenen Willen aus. Wie der aussehen kann, hast du vielleicht schon erfahren. Diese anstrengende Zeit ist jedoch wichtig, weil das Kind lernen muss, mit seinen Emotionen und Reaktionen umzugehen. Wutanfälle sind in der Regel das Resultat von Ungeduld und Verzweiflung, weil etwas nicht so gelingt, wie sich das Kleine dies vorstellt oder dem Kind Grenzen gesetzt werden, die es von allein nicht überschreiten kann. Ist der Zeitpunkt gekommen, dass dein kleiner Liebling seine Emotionen besser steuern kann, ist die Trotzphase vorbei und die Empathie, das Einfühlen in andere Menschen, kann erlernt werden.

Warum sollst du nun in stressigen Zeiten oder an Tagen, an denen du ausgelaugt oder traurig bist, deine Gefühle gegenüber deinem Nachwuchs zeigen? Auch hier spielen das Vorleben und Nachahmen eine wichtige Rolle. Als liebevolle Mama wirst du dein Kind in brenzligen Situationen immer trösten, ihm gut zureden, es verarzten oder einfach in den Arm nehmen. Im Trotzalter ahmen Kinder das ganz selbstverständlich nach, auch wenn sie sich noch nicht in deine Lage versetzen können. Vielleicht weinst du gerade, weil heute Mittag dein Essen angebrannt ist, deine kleine Maus am Nachmittag ihr Zimmer verwüstet und dein Großer vor dem Abendessen im Bad eine Überschwemmung verursacht hat und du dir nun zu allem Unglück in den Finger geschnitten hast. Dein 2 ½-jähriges Kind steht nun möglicherweise mit seinem Schnuller vor dir, um dich zu trösten, denn es ahmt dich nach, ohne zu begreifen, dass du wahrscheinlich anderen Trost brauchst. Dein größeres Kind mit 4 Jahren kann schon verstehen, dass der Schnuller nicht so ganz richtig ist und bringt dir wahrscheinlich ein Pflaster und vielleicht auch ein Stück von deiner Lieblingsschokolade, weil es weiß, dass dies dein persönliches Trostpflaster ist. Auf jeden Fall wollten dich beide Kinder trösten, damit es dir wieder besser geht. So haben sie es von dir gelernt.

Nicht nur aus diesem Grund darf man als Mama zu seinen Gefühlen stehen. Kinder sollen, um starke Erwachsene zu werden, die Interaktionen auf verschiedenen Ebenen, also auch auf der emotionalen Ebene, lernen. Dies können sie in einer Familie, die gezielt vorlebt, was es heißt, eine vertrauensvolle, mitfühlende und sich gegenseitig respektierende Beziehung zu führen. Wenn der Partner am Abend seine Frau für ein leckeres Abendessen lobt, sie ab und zu streichelt oder auf die Wange küsst, mit ihr durchs Wohnzimmer tanzt und sie tröstet, wenn es ihr nicht gut geht, dann merken Kinder, wie sich ihre Mama in diesen Augenblicken verhält und was ihr guttut. Und ahmen dies nach, auch wenn der Papa gerade seiner Arbeit nachgeht. Deshalb ist das Zeigen von Gefühlen innerhalb einer Familie für die Kleinsten sehr wichtig, um Empathie zu erlernen. Verschiedene Studien bestätigen unabhängig voneinander, dass Mitgefühl und Empathie ausschließlich durch Nachahmen erlernt werden können. In den Genen sind diese Merkmale nicht verankert. Je stärker ein Kind Mitgefühl empfinden kann, umso mehr kann es sich später in andere Menschen hineinversetzen und wird ein sehr empathischer Erwachsener werden.

Kleiner Mutmacher

Es gibt nicht nur Situationen, in denen du den Tränen nahe bist. Es gibt auch oft Reaktionen, vor denen sich dein Kind vielleicht erschrecken wird, weil du laut schreist oder in deiner Rage ein Spielzeug auf den Boden pfefferst. Auch dies passiert nicht nur dir allein. In solchen Momenten ist es wichtig, kurz durchzuatmen, die Anspannung abflauen zu lassen und gleich danach deinem Kind entsprechend seinem Alter zu erklären, warum du das getan hast, z. B. „Ich war wütend." Anschließend solltest du noch klarstellen, dass man sowas eigentlich nicht tut und es dir ehrlich leidtut. Daraus wird auch dein kleiner Schatz irgendwann lernen. Natürlich dürfen solche Szenen nicht täglich vorkommen. Wenn du zu sehr unter Strom stehst und kaum die Nerven behalten kannst, wird es höchste Zeit, deinen Stress-Level abzubauen. Beispiele dafür gibt es in diesem Ratgeber einige.

Noch ein kleiner Mutmacher

In einer Familie sollten natürlich nicht nur „unangenehme" Gefühle gezeigt werden, sondern vor allem viele, schöne und wundervolle Empfindungen. Dazu gehören ganz klar liebevolle Umarmungen, Küsse, Streicheleinheiten, Spaß, Freude, Glücklichsein, Vertrauen, Verständnis, Geborgenheit und viele mehr. Lach mal wieder aus vollem Hals, mach mit Absicht ab und zu richtigen Unsinn oder zeig deinem Kind, dass du auch noch kindisch sein kannst. Es gibt so viele Möglichkeiten, mit deinem kleinen Liebling Spaß zu haben – verkleidet euch zusammen, krabble mit deinem Baby auf dem Boden oder macht ein kleines Wettrennen. Gemeinsam erlebte Gefühle sind wertvolle Bausteine in eurem gemeinsamen Leben.

Wie die Kleinen bei Selbstzweifeln helfen können

Schon Kinder merken, wenn mit der eigenen Mama etwas nicht stimmt. Sie können vielleicht nicht genau benennen, was anders ist, aber sie fühlen und meist sehen sie auch einen Unterschied. Vor allem, wenn die Mutter nicht mehr auf das Kind reagiert, weil sie vielleicht müde und ausgelaugt im Sessel sitzt und stumm vor sich hinblickt, registrieren sie die Veränderung. Viele Kinder versuchen dann, sich ihre bis dahin sicher geglaubte Aufmerksamkeit zurückzuholen und werden kreativ. Falls du einen Test starten möchtest, ahme diese Szene einfach nach, am besten an einem Tag, an dem dich Selbstzweifel plagen. Natürlich solltest du dabei auf alle auch sonst geltenden Sicherheitsaspekte achten und deinem Kind nicht allzu viel Spielraum lassen, damit es keine ernsthaften Dummheiten anstellen kann. Suche dir aus diesem Grund einen sicheren Platz für diesen Versuch. Meist sind die Kleinsten dann wirklich aktiv, um wieder Aufmerksamkeit von ihrer Mama zu bekommen. Im Idealfall bringt dich das Ganze zum Schmunzeln und du wirst feststellen, dass deine Selbstzweifel verscheucht wurden. Auch wenn dieser Test nicht immer funktioniert, weil Kinder oft Dinge tun, die ein Eingreifen der Mama erfordern, so ist er dennoch einen Versuch wert.

Wenn sich deine Bedenken darum drehen, ob du eine gute Mama bist, dann kann dein Kind dir gleichfalls helfen. Sieh es an und beobachte es beim Spielen unter dem Baby-Spielbogen, beim Stapeln von Bauklötzen oder beim Malen! Einerseits kann dich das reine Zuschauen entspannen und andererseits wirst du feststellen, dass dein Kleines zufrieden ist. Und wenn dein Kind glücklich sein kann, dann solltest du es auch sein. Dein kleiner Liebling ist wie ein Spiegel, der dir zeigt, dass deine Selbstzweifel und Bedenken völlig unbegründet sind. Selbstverständlich gibt es auch Zeiten, in denen die Kleinen unglücklich, bockig oder launisch sind, doch diese Minuten und Stunden sind nicht dein Maßstab! Es geht um eine allgemeine Tendenz der Zufriedenheit und die haben alle Kinder, wenn sie in einer liebevollen Familie aufwachsen können. Je älter dein Kind wird, umso eher kannst du auch gezielt danach fragen, was es sich von dir als Mama wünscht, und damit meine ich keine Geschenke. Oftmals sind die Kinder mit der „Leistung" ihrer Mütter sehr zufrieden und wünschen sich nur ganz kleine, belanglose Dinge. Beispielsweise soll ihre Mama einmal wieder das hübsche rote Kleid anziehen oder mit dem Kind seine Lieblingssendung im Fernsehen anschauen. Und das solltest du als zweifelnde Mama von deinem Kind lernen – es sind die kleinen Dinge im Leben, die eine Mama so besonders machen!

Mamas reden sich manchmal auch Schuldgefühle ein, wenn sie einen Fehler gemacht haben. Das ist jedoch nicht notwendig. Wenn du den Fehler als solchen entlarvt hast, kannst du dir für die Zukunft vornehmen, nicht wieder den gleichen zu begehen. Hat er dein Kind direkt betroffen und in deinen Augen möglicherweise eine emotionale Verletzung hervorgerufen, dann kannst du deinen kleinen Schatz trösten und dich entschuldigen. Damit sollten alle Schuldgefühle beseitigt sein, denn Kinder verzeihen sofort und vergessen die Angelegenheit in den nächsten Minuten. Das ist doch das Wundervolle an Kindern! Sie sind weder nachtragend noch verletzt. Geschehenes wird umgehend abgehakt und die Kleinen konzentrieren sich auf das Nächste. Als Mama kann man sich das durchaus abschauen und mit seinen Fehlern ebenso umgehen.

Kleine Übung zur Selbstfürsorge

Auch wenn das sogenannte „Schubladen-Denken" verpönt ist, kannst du dir dieses Prinzip bei deinen Fehlern zunutze machen. Ich empfehle dir zwei Schubladen – eine für kleine Fehler und eine für größere Fehler. In die erste Schublade steckst du alle Fehlerchen, die nicht wirklich von Bedeutung waren und leerst die Schublade regelmäßig mit einem

Schmunzeln über die kleinen Schnitzer aus. Denn durch negative Kleinigkeiten solltest du dich in deinem Leben nicht aufhalten lassen. Die Zeit wäre viel zu kostbar und könnte viel sinnvoller für schöne Dinge eingesetzt werden. Die andere Schublade ist zum Lernen gedacht. Alle Fehler, die du auf keinen Fall ein zweites Mal machen möchtest, steckst du dort hinein und vergisst dabei auch nicht, mögliche Lösungen und Änderungen mit abzulegen, um beim nächsten Mal gerüstet zu sein. Wenn du möglicherweise deinen kleinen Sohn zurechtgewiesen hast, weil er unbedingt eine Puppe haben möchte, könnte das als großer Fehler angesehen werden. Mach dir bewusst, dass du tolerant sein solltest, einem Jungen ein typisches Mädchen-Spielzeug zu kaufen oder auch auszuleihen. Ein Fehler wie dieser kommt dann in die „Verbesserungs-Schublade”, denn dein geschlechtsspezifisches Steuern hinsichtlich der Vorlieben und Verhaltensweisen von Mädchen und Jungen sollte auf jeden Fall korrigiert werden. Gerade dieses Thema verunsichert manchmal junge Mütter, auch wenn sie heutzutage moderner denken und wesentlich toleranter sind als Mütter vor vielen Jahren. Doch viele junge Eltern heute sind selbst noch mit den Klischees von früher aufgewachsen. Jungen, die sich für Puppen interessieren, ahmen ebenso wie Mädchen Eltern nach, die sich gerade um ein Baby kümmern. Wer Jungs den Zugang zu „Mädchenspielzeug“ verweigert, erzeugt vielleicht auch bei späteren Männern Hemmungen, Aufgaben zu übernehmen, die angeblich nur Frauen ausführen. Und es hemmt die Entwicklung der Kinder, wenn es um Toleranz, Empathie und Hilfsbereitschaft geht. Deshalb ist die Unterstützung solcher „Geschlechter-Ausbrüche” sinnvoll, selbstverständlich auch in die andere Richtung. Mädchen können ebenso typische Jungs-Klischees erfüllen. Und genau wie bei den Kindern ist es auch bei den Erwachsenen. Nagen an dir Selbstzweifel, weil du keine „typische Frau“ bist und viele männliche Vorlieben, wie Handwerken oder Autoschrauben, hast und eben nicht gern Kuchen bäckst oder Kleidchen nähst, dann solltest du so cool damit umgehen, wie die Kleinsten. Du bist du! Alle Zweifel in dieser Richtung kannst du ganz schnell in die „Vergiss-das-Schublade" stecken. Statt dich von Zweifeln hemmen zu lassen, sei lieber stolz auf dich, denn wer will sich schon von Klischees vorschreiben lassen, wie er sein oder nicht sein soll!

Mental Load – über unsichtbare Belastungen für junge Mütter

„Ist noch etwas zu essen im Kühlschrank? Braucht mein Baby gleich eine frische Windel? Haben wir noch genug zuhause? Und passt die Größe überhaupt noch? Wann kann ich es eigentlich zur Kita anmelden? Ist nächste Woche nicht ein Elternabend? Und kann ich mein Kind mitnehmen? Wer passt in der Zwischenzeit auf die älteren Geschwister auf? Und bin ich rechtzeitig zum Gute-Nacht-Sagen wieder zuhause? Ach, und die Betten müssen auch mal wieder dringend neu bezogen werden, dabei fällt mir ein, dass das Waschmittel ja leer ist!“ Du kennst solche Gedanken? Von morgens bis abends, eigentlich die ganze Woche hast du permanent denn Kopf voll mit Dingen, an die gedacht werden muss und die es zu erledigen gibt? Du fühlst dich erschöpft, ausgelaugt und willst dich am liebsten nur noch irgendwo hinlegen und einfach gar nichts mehr machen? Dann gibt es jetzt das passende Wort dafür, dass deine dauernde mentale Überlastung zusammenfasst: Mental Load.

Mental Load – Was ist das überhaupt?

Übersetzt bedeutet Mental Load mentale Auslastung. Es geht also um eine Last im Kopf. Der Kopf ist so voll mit Gedanken und damit, was alles erledigt werden muss, dass dieser eigentlich völlig ausgelastet ist. Körperliche Auslastung entsteht einerseits durch den gesamten Aufwand, den Haushaltstätigkeiten, das Familienleben, das Paarleben und die Erziehung der Kinder mit sich bringen. Neben den augenscheinlich klaren Aufgaben, den sichtbaren Aufgaben, gibt es auch viele unsichtbare Aufgaben, die nötig sind, damit der Alltag überhaupt funktioniert. Diese tägliche Verantwortung für das Organisieren und Pflegen des Haushalts, der Familie, der Beziehung aber auch der persönlichen Befindlichkeiten und Bedürfnisse, plus (und dies ist der wichtige und eigentliche Aspekt, welcher Mental Load verursacht) die Summe der daraus resultierenden unsichtbaren Aufgaben, führen zu einer enormen Mehrbelastung – eben zu Mental Load. Die bedeutendste Belastung ist dabei die alleinige Verantwortlichkeit für alles: Die Verantwortung für alle alltäglichen Aufgaben und die damit verbundenen unsichtbaren Aufgaben. Die Wäsche wird zum Beispiel nicht sauber, wenn nicht daran gedacht wurde, dass das Waschmittel leer ist und bereits ein neues gekauft wurde. Diese Gesamtverantwortung und Mehrbelastung kommt in der Regel nur einer Person zu, meistens der Frau. Manchmal ist diese mentale Auslastung auch so stark, dass sie Ähnlichkeiten mit den Symptomen eines Burn-outs aufweist. Bei Mental Load geht es also nicht nur um das Erledigen der primären Aufgabe, zum Beispiel „Am Donnerstag ist Wandertag in der Kita, mein Kind muss mit dem Auto zum Treffpunkt gebracht werden und geht nicht wie normalerweise zu Fuß", sondern im Eigentlichen darum, was diese Aufgabe drumherum zusätzliche Aufgaben und Gedanken mit sich bringt. Diese mentalen Zusatzaufgaben werden meistens gar nicht direkt oder extra benannt, sondern entstehen so nebenbei und werden während der eigentlichen Aufgabe identifiziert und umgesetzt. Diese Prozesse und Gedankengänge laufen alle neben den eigentlichen Aufgaben zusätzlich im Hintergrund ab, belegen Platz im Kopf, bis dieser überfüllt ist und irgendwann kein Raum und keine Energie mehr ist für weitere unsichtbare Aufgaben.

Denn die simple Information, dass ein Wandertag stattfindet und das Kind zu einem bestimmten Treffpunkt zu bringen und auch von dort wieder abzuholen ist, ist mit einer langen To-do-Liste verbunden:

- Wie kommt mein Kind zum vereinbarten Treffpunkt?
- Gibt es Überschneidungen beim Bringen und Holen mit anderen Terminen (Geschwisterkinder, Arbeit, Arzttermine, sonstige Termine usw.)?
- Wenn ja, wie bekommen wir das organisiert? Wenn nein, wer fährt das Kind?
- Kann mein Kind vielleicht mit einem anderen Kind mitfahren? Braucht es dazu eine Abholvollmacht?

- Wer schreibt diese und denkt daran, sie den Eltern am Ausflugstag mitzugeben?
- Gibt es Termine an dem Tag, die bereits geplant waren, die abgesagt oder umorganisiert werden müssen?
- Wenn ja, wer organisiert diese um, beziehungsweise sagt diese ab?
- Ist der Rucksack für den Wandertag gepackt?
- Die Regenjacke wurde den ganzen Sommer über nicht gebraucht, passt diese noch? Passen die Wanderschuhe auch noch?
- Wenn nein, wann und wer besorgt neue Outdoorkleidung?
- Am Wandertag müssen die Kinder ein Mittagessen zusätzlich zum Vesper dabei haben. Was gibt es, wer bereitet es vor und wann? Wer kauft die eventuell zusätzlich benötigten Lebensmittel dazu ein?

Die Liste an Fragen, die hier auftauchen, könnte man wahrscheinlich noch weiter fortführen. Es macht deutlich, was so ein „einfaches" Ereignis wie ein Wandertag für einen Mental Load mit sich bringen kann. Und was dies für Ausmaße annehmen kann, wenn man überlegt, was sonst noch die Woche an Aufgaben und Aktivitäten anstehen.

Zusammengefasst hat Mental Load also drei wesentliche Merkmale und Aspekte:

1. Rund um die Familie, den Haushalt und die Paarbeziehung gibt es sichtbare und unsichtbare Aufgaben.
2. Die Arbeit und Verantwortung dieser Aufgaben, und vor allem die der unsichtbaren Aufgaben, lastet auf einer Person allein.
3. Für diese Arbeit gibt es meistens sehr wenig Wertschätzung.

Vielleicht hast du das Glück, und lebst in einer gleichberechtigten Beziehung. Statistisch gesehen, bleibst du als Frau aber vermutlich eher zu Hause bei deinem Baby und Kleinkind und übernimmst erst einmal den größten Teil der Elternzeit. Dadurch erledigst du viele Aufgaben im Haushalt und mit den Kindern und bist in diesen natürlich dadurch wesentlich geübter und routinierter. Diese Routine fehlt deinem Mann und so wirst du als Frau den Mental Load auch nach der Elternzeit schwer wieder los. Die Kinderbetreuung und die Hausarbeit besser zu organisieren, wurde auch dir nicht in die Wiege gelegt. Es ist schlichtweg eine Frage der Gewohnheit, der Übung und Routine. Und so schleicht sich auch in gleichberechtigten Beziehungen oft früher oder später das seit Generationen gewohnte Muster ein, dass der Mann das Geld nachhause bringt und die Frau die ganze Last der unbezahlten Arbeit trägt. Und selbst, wenn dein Partner Aufgaben übernimmt – wie etwa das Kind zum Wandertag zu fahren – so bist doch vermutlich du es, die die gesamte To-do-Liste rund um diese Tätigkeit abarbeitet, ohne dass euch beiden überhaupt auffällt, welche Arbeit und welche Belastung damit verbunden sind.

Sechs grundlegende Tipps gegen Mental Load

1. Partnerschaft und Kommunikation

Mental Load ist in einer Partnerschaft nicht das Problem von nur einer Person. Beide Partner haben jeweils ihr Päckchen zu tragen. Als Eltern haben du und dein Partner also auch die Sorgen um die Kinder und jede einzelne Überlegung, die dazugehört gemeinsam auf euren Schultern. Das ist doch schon eine Entlastung, oder? Doch meist trägt jeder sein Päckchen allein und der andere sieht gar nicht, was sein Partner alles zu stemmen hat. Darum hier mein erster und vielleicht wichtigster Tipp: Redet darüber!

Es muss zum Beispiel über Rollen und Verantwortung in der Partnerschaft gesprochen werden: Wie sind die Rollen verteilt, auf wem liegt welche Verantwortung und ist das überhaupt fair, so wie es ist? Die meisten Paare haben über diese Punkte noch nie geredet. Sie rutschen in irgendwelche Muster und Rollenverteilungen hinein und dann ist das eben so. Verantwortungsberge liegen auf einer Person und der Mental Load erhöht sich. Das Gleiche gilt für Erwartungen und Ziele innerhalb der Partnerschaft. Unausgesprochen werden diese selten erfüllt und die Enttäuschung ist groß. Mental Load zu reduzieren, bedeutet, an der Paarbeziehung zu arbeiten. Es bedeutet, miteinander zu sprechen und gemeinsam Wege der Veränderung einzuschlagen, aber auch, die Finanzen der Familie im Blick zu haben, über finanzielle Gerechtigkeit zu sprechen und diese umzusetzen.

Wer eine Beziehung eingeht, übernimmt damit auch Verantwortung für das Leben einer anderen Person. Das eigene Verhalten hat Einfluss auf die Partnerschaft und dadurch auch auf das Leben des Partners oder der Partnerin. Zwar bist du natürlich nicht für das Glück der anderen Person verantwortlich, aber beide Partner tragen durch ihr Handeln und Leben zum gemeinsamen Beziehungsglück bei. Beide haben gleichermaßen Verantwortung. Dieses Gleichgewicht kann allerdings schnell in Schieflage geraten, wenn einer die Verantwortung schleifen lässt und der andere das Gefühl hat, mehr zu investieren, als zu bekommen.

Auch wenn einmal nicht alles nach Plan verläuft, liegt es in der eigenen Verantwortung, ob man sich gegenseitig runterzieht oder nicht. Ob man sich gegenseitig stützt oder den Partner allein lässt. Um achtsam mit der Beziehung und dem Partner und seinen Bedürfnissen umgehen zu können, muss vor allem auch Verantwortung für die eigenen Bedürfnisse und für sich selbst übernommen werden. Wer das kann und tut, kann auch Verantwortung für die Beziehung und die Familie übernehmen. Problematisch sind oft die vielen Einflüsse, die von außen kommen. Da sind der Alltag, der einnehmende Beruf, die Kinder, der Haushalt, Freunde, Verpflichtungen und meistens noch vieles mehr. Eine Partnerschaft ist ständigen Belastungen von außen und innen sowie Veränderungen ausgesetzt. Gerade Veränderungen müssen nicht nur negativ sein. Diese können auch positiv sein, aber trotzdem Belastungen mit sich bringen. Jeder Partner geht anders mit solchen Situationen um und reagiert verschieden. Dies führt manchmal zu Problemen und Konflikten. Vielleicht kann der eine gerade nur Verantwortung für sich selbst übernehmen, aber nicht auch noch für die Beziehung. Das ist in Ordnung. Solange man sich dessen bewusst ist und dies miteinander kommuniziert. Dann kann der andere nämlich darauf reagieren und zum Beispiel Verantwortung für den anderen übernehmen.

Verantwortung kann auf verschiedenste Weise übernommen werden. Das kann emotionale Verantwortung sein, Verantwortung, wenn jemand krank ist, es kann aber auch zum Beispiel finanzielle Verantwortung bedeuten. Manches läuft ganz automatisch, manches nicht. Sprich mit deinem Partner darüber, was Verantwortung für euch bedeutet – für euch selbst, in eurer Partnerschaft und in eurer Familie. Wo läuft es schon richtig gut und wo hat einer von euch vielleicht das Gefühl, dass zu viel Verantwortung auf ihm lastet?

Gerade nach der Geburt eines Kindes fallen zum Beispiel viele Paare in alte Geschlechterrollen zurück, auch wenn sie dies vielleicht gar nicht wollen. Dieses Verhalten und Zurückfallen in bestimmte Muster lassen sich oft auf unsere eigene Sozialisation zurückführen, wie wir aufgewachsen sind, was wir von Kind auf aus der eigenen Familie kennen, aber auch das, was gesellschaftlich anerkannt oder je nach dem auch erwartet wird. Wer über Verantwortung in Partnerschaft und Familie spricht, der muss auch über Rollenverteilung sprechen. Durch das Zurückfallen in alte Geschlechterrollen entsteht nämlich auch das typische alte Verantwortungsmuster. Die Frau übernimmt die Verantwortung für Haushalt und Kinder und der Mann übernimmt die finanzielle Verantwortung. Auf beiden Partnern lastet die Verantwortung für den jeweiligen Bereich allein. Wenn ihr das beide so wollt und entschieden habt, dann ist das völlig in Ordnung. Oft wollen viele Paare dies zwar nicht, rutschen aber ganz von allein in diese Rollen- und Verantwortungsteilung. Deshalb sprecht darüber! Wie soll die Rollenverteilung bei euch aussehen, soll es überhaupt feste Rollen geben und wie wollt ihr Verantwortung für euch, in eurer Partnerschaft und Familie übernehmen und verteilen? Verteilen bedeutet nämlich auch, Verantwortung abgeben zu können!

Eine Partnerschaft, die für sich gegenseitig Verantwortung übernimmt, basiert auf gemeinsamen Werten und der Gewissheit, dass der andere für einen da ist und man nicht allein ist. Sich als Paar Verantwortung zu teilen, gibt Sicherheit und Rückhalt. Es macht aus euch eine gleichwertige Partnerschaft auf Augenhöhe.

Kleine Übung zur Achtsamkeit in der Partnerschaft

Sprecht über eure Gefühle und eure Belastungen. Sprecht aber auch über eure Ziele und Erwartungen, die ihr für euch selbst, für euren Partner, eure Beziehung, eure Kinder und eure Familie habt. Sprecht über eure gemeinsame Zukunft, aber auch über eure Gegenwart. Sehr euch gemeinsam an, welche Ressourcen ihr habt, was euch leicht und was euch schwerfällt und wie ihr euch am besten gegenseitig unterstützen könnt. Vielleicht liebt der eine von euch die Morgenstunden und der andere ist am Abend noch putzmunter? Dann teilt euch vielleicht auch die Arbeit mit den Kindern oder dem Haushalt entsprechend ein. Hat der eine hohe Ansprüche an Ordnung und Struktur, der andere aber nicht so? Dann findet ein gemeinsames Mittelmaß und besprecht gezielt die Punkte, an denen Kompromisse möglich sind.

Ein heikles Thema – Finanzen:

Erschreckend, aber wahr: Viele Paare sprechen erst dann über eine gerechte Aufteilung der gemeinsamen Finanzen, wenn es zu spät ist, nämlich bei einer Trennung bzw. Scheidung. Oft liegt nämlich genau dann erst das Thema auf dem Tisch, was eigentlich wem zusteht. Wartet bitte nicht so lange. Besprecht offen und ehrlich miteinander, wie ihr mit dem gemeinsamen Kapital umgehen könnt. Und vergesst dabei nicht, dass ihr beide gleichermaßen dazu beitragt, dass dieses Geld zur Verfügung steht, auch wenn der eine vielleicht mehr durch bezahlte Arbeit erhält. In den meisten Fällen leistet der andere in diesen Beziehungen mindestens ebenso viel unbezahlte Arbeit. Meist sind es die Mütter, die gerade in den ersten Monaten zuhause bleiben, dann nur mehr Teilzeit arbeiten und somit weniger Geld nachhause bringen, weil sie eben auch noch Zeit und Kraft für die Kinder und den Haushalt brauchen. Macht euch bewusst, dass auch unbezahlte Arbeit Arbeit ist und sprecht darüber.

2. Aufgaben gerecht verteilen

Zunächst geht es darum, die Verteilung der unbezahlten Arbeit genauer anzuschauen. Bei vielen Aufgaben fallen zusätzlich zur eigentlichen Aufgabe auch noch Planungs-, Tätigkeits- sowie koordinierende Tätigkeiten an. Vieles davon ist zunächst gar nicht sichtbar. Damit Mental Load aber langfristig nicht nur auf und an einer Person lastet, muss Unsichtbares sichtbar gemacht werden. Setze dich sich dazu mit deinem Partner zusammen und schreibt jeder, zunächst verdeckt für sich, auf einem Zettel auf, was ihr denkt, wie viel Prozent der Aufgaben im Haushalt, der Kinderbetreuung und für ein funktionierendes Familienleben jeder von euch übernimmt. Wenn du glaubst, du bist für 70 % der Aufgaben verantwortlich, dann schreibe 70/30 auf. Zeigt euch aber zunächst noch nicht eure vermutete Verteilung.

Jetzt fertigt ihr gemeinsam eine Liste an mit allen Aufgaben und Tätigkeiten, die die Hausarbeit und die Kinderbetreuung betreffen. Versucht, diese möglichst umfassend zu erstellen. Berücksichtigt alle Aufgaben, egal ob häufig oder nicht so häufig vorkommend, an die gedacht werden muss, die im Alltag anfallen und zu erledigen sind. Eine Liste könnte beispielsweise folgendermaßen aussehen:

- Essensplanung
- Einkaufsliste erstellen
- Einkaufen
- Badezimmer putzen
- Küche putzen
- Spülmaschine ausräumen
- Wohnung durchsaugen
- Wäsche waschen
- Bügeln
- Arzttermine vereinbaren
- Bei Terminen begleiten
- Pausenbrote richten
- Auto zur Werkstatt bringen
- Fahrrad reparieren
- Rasen mähen

- Pflanzen gießen
- Steuererklärung
- Bei den Hausaufgaben betreuen
- Überprüfen, ob Kleidung und Schuhe noch passen
- Neue Kleidung und Schuhe einkaufen
- Müll wegbringen
- usw.

Ihr werdet schnell merken, wie viele Tätigkeiten ihr zusammenbekommen werdet und wie lang die Liste an Aufgaben im Haushalt und der Kinderbetreuung ist. Diese Liste braucht ihr nicht nur für den zweiten Schritt, sondern sie verdeutlicht euch beiden, wie viel Arbeit hier eigentlich anfällt. Es ist wichtig, dies auch mal niedergeschrieben in den Händen zu halten. So könnt ihr euch den Umfang der Arbeit beide deutlich bewusster machen.

Jetzt sitzt ihr vor einer langen Liste mit Aufgaben. Fahrt nun folgendermaßen fort: Hinter jede Aufgabe schreibt ihr

- Wer von euch an die Aufgabe denkt,
- wer sie ausführt und erledigt,
- wie oft die Aufgabe gemacht werden muss,
- und wieviel Zeit die Tätigkeit in Anspruch nimmt.

Jetzt könnt ihr genau anschauen und berechnen, wer wie viele Aufgaben übernimmt und viel wichtiger, wieviel Zeit ihr durchschnittlich jeder von euch für eure Tätigkeiten pro Woche aufwendet. Die nun ausgerechnete Stundenanzahl pro Woche könnt ihr nun mit der prozentualen Einschätzung aus dem ersten Schritt vergleichen und euch gegenseitig zeigen. In der Regel taucht hier ein deutlicher Unterschied dazu auf, wie sich die Paare vorher selbst eingeschätzt haben, und dazu, wie die prozentuale Aufgabenverteilung tatsächlich ist.

Jetzt, wo ihr die gefühlte und die tatsächliche Verteilung der unbezahlten Tätigkeiten vor sich liegen haben, stellt euch folgende Frage: Seid ihr zufrieden damit? Sollte dies der Fall sein, klappt das bei euch ja schon sehr gut und den nächsten Schritt könnt ihr weglassen. Wenn nicht, dann geht es jetzt darum, die Verteilung so zu gestalten, dass ihr beide zufrieden damit seid.

Nehmt euch nach ein paar Wochen gesondert zu eurem wöchentlichen Termin Zeit, um euren Prozess zu reflektieren. Gerade in der Anfangsphase, in der viel umverteilt wird, lohnt es sich, einen solchen Extratermin einmal im Monat wahrzunehmen. Aber auch Paare, die sich schon länger umgestellt haben, sollten ihre Aufgabenverteilung, ihre Erwartungen und Bedürfnisse in größeren Abständen immer wieder unter die Lupe nehmen. Denn, was vor einem halben Jahr vielleicht sehr gut gepasst hat, passt im Moment vielleicht nicht mehr. Der Alltag ändert sich oder Abläufe ändern sich. Vielleicht ist ein Kind nun in die Schule gekommen, oder einer von euch hat eine neue Arbeitsstelle. Auch nach einer guten Umverteilungsphase kann sich eine unpassende Routine einschleichen. Deshalb seid wachsam und flexibel, aber macht euch auch nicht verrückt. Es wird nicht immer alles zu hundert Prozent klappen und das ist auch völlig okay so. Dafür hilft euch der Extratermin, wo ihr beispielsweise folgende Fragen diskutieren und beantworten könnt:

- Wie geht es mir aktuell mit der Verteilung der Arbeit?
- Was läuft gut, was nicht und warum?
- Wie lässt es sich ändern, dass es in Zukunft (wieder) besser funktioniert?
- Müssen Aufgaben neu verteilt werden?
- Was hat sich bewährt, was wollen wir beibehalten?
- Lagen wir mit unserer Schätzung zu Arbeits- und Zeitaufwand für die jeweiligen Aufgaben richtig oder müssen wir diese nochmals neu bemessen?
- Können die Kinder auch oder je nach Alter mehr miteinbezogen werden?
- Gibt es Erwartungen? Vielleicht unausgesprochene Erwartungen? Sind diese nötig, müssen diese überhaupt erfüllt werden? Vielleicht erwartet dies oder jenes mein*e Partner*in ja gar nicht von mir?
- Was ist uns wichtig? Zum Beispiel jeden Tag frisch und gesund kochen oder ist ein Schummeltag (Cheat Day) in der Woche mit fertigem Essen in Ordnung?
- Gibt es Aufgaben, die nicht nötig sind und gestrichen werden können?
- Brauchen wir Hilfe? Können wir Aufgaben outsourcen? Haben wir die finanziellen Mittel dafür?

Das klingt zunächst nach viel Arbeit? Stimmt. Ist es auch. Doch das war es schon immer. Indem ihr darüber sprecht, euch diese Arbeit bewusst macht und sie für die Zukunft besser plant, seid ihr nicht nur besser vorbereitet. Ihr könnt auch die Arbeit auch besser und schneller erledigen. Und das gemeinsam! Auch wenn der eine üblicherweise eher die einen, der andere die anderen Aufgaben übernimmt. Indem ihr darüber sprecht, tragt ihr die mentale Belastung dafür ab jetzt gemeinsam. Und allein das entlastet schon erheblich!

3. Abwechseln

Wechselt die Aufgaben zwischen dir und deinem Partner oder deiner Partnerin immer wieder durch. Klar ist es zunächst logisch, dass jeder die Tätigkeiten übernimmt, die er besonders gut oder besser als der andere kann. Und sich abzuwechseln und auch mal eine Aufgabe zu übernehmen, die einem vielleicht nicht direkt liegt, benötigt mehr Zeit als in der gewöhnlichen Aufgabenverteilung. Was ist also der Mehrwert davon, sich gegenseitig abzuwechseln? Zunächst lernst du selbst wieder etwas Neues und sammeln mehr Erfahrung. Genauso wie du das tust, tut dies auch dein Partner. Ihr beide lernt etwas Neues und macht dabei die ein oder andere erleuchtende Erfahrung. Denn vielleicht dachtest du, dass diese eine Tätigkeit sich eben schnell erledigen lässt, und siehst nun, dass es in der Realität aber ganz anders aussieht. Auch mal die Aufgaben des anderen zu übernehmen, fördert das gegenseitige Verständnis und erhöht die Wertschätzung. Ihr versetzt euch aktiv in die Lage des anderen und baut nebenbei neue Kompetenzfelder auf. Am Ende könnt ihr euch bei diesen Tätigkeiten viel besser auf Augenhöhe begegnen. Oft ist es leichter, dem anderen gegenüber Verständnis aufzubringen, wenn man es selbst auch mal erlebt hat. Für eine für dich vielleicht bereits routinierte Aufgabe sagt dein Partner oder deine Partnerin danach vielleicht „Danke, dass du das immer übernimmst. Ich weiß jetzt, was es bedeutet, XY immer zu erledigen!" Indem der Partner oder die Partnerin nun weiß, was zur Aufgabe XY alles dazugehört, übernimmt er zum Beispiel vielleicht von allein eine Aufgabe mehr oder zeigt seine Wertschätzung auf anderer Weise. Ein Aufgabentausch führt nicht unbedingt zunächst zu weniger Mental Load und weniger Zeitaufwand. Aber er fördert etwas ganz Wichtiges: Akzeptanz, Wertschätzung und Verständnis.

Was bringt das Tauschen der Aufgaben noch für Vorteile? Ganz einfach, ihr lebt euren Kindern vor, dass die Aufgabenverteilung nicht geschlechtergebunden ist. Der Papa kann genauso gut den Kuchen backen, wie die Mama vielleicht das Fahrrad repariert. Indem ihr immer wieder abwechselt, lebt ihr euren Kindern keine Rollenklischees vor. Ihr lebt euren Kindern vor, dass sie alles können, egal ob weiblich oder männlich und legt so vielleicht auch schon Grundsteine, dass eure Kinder, wenn sie selbst einmal Familie haben, nicht auch so schnell von Mental Load betroffen werden. Denn sie haben von klein auf gelernt, es geht auch anders!

Wie sieht das in der Praxis aus? Dein Partner kümmert sich üblicherweise um den Abwasch, während du das Kind zu Bett bringst? Dann macht es mal umgekehrt! Er organisiert alle Termine rund um Haushaltsgeräte, Auto und Urlaub. Du organisierst alle rund um Kind und Küche? Dann probiert es doch auch einmal anders! Und während er dir schweren Herzens die Reinigung des Autos überlässt, lässt du ihn seine ganz persönlichen „Fehler“ beim Wäschewaschen und Bügeln machen. Auch hier ist deine Bereitschaft für etwas Unperfektion wichtig.

Kleine Übung zur Unperfektion

Überlasse deinem Partner einmal die gesamte Organisation einer Tätigkeit, die du üblicherweise übernimmst. Zum Beispiel den Wandertag in der Kita. Lass ihn selbst an die Regenjacke, die Vesper und den Transport des Kindes nachdenken. Und lass ihn dabei auch seine eigenen Fehler machen. Vermutlich sind die Pädagogen gut auf eine kleine Portion Unperfektion der Eltern vorbereitet. Und schlimmstenfalls muss dein Partner dem Kind eben die Regenjacke oder die Vesper nachbringen.

4. Outsourcen und Gemeinschaften bilden

Es muss nicht immer dein Partner sein, der dich bei deinem Mental Load unterstützt. Auch die Großeltern, eine liebe Nachbarin oder Familien in ähnlichen Situationen können dir einen Teil deiner täglichen Belastung abnehmen. Vielleicht freuen sich kinderlose Freunde und Verwandte über die Möglichkeit, an deinem Familienleben teilhaben zu dürfen und übernehmen gerne einmal einen Spaziergang oder einen Spielenachmittag mit deinem Nachwuchs. Oder dein Kind hat sich mit einem Gleichaltrigen angefreundet? Dann nutze diese Freundschaft auch, um dich und die Eltern des anderen Kindes ein wenig zu entlasten. Sind beide einen Nachmittag pro Woche bei dir und einen bei der anderen Familie, so habt ihr beide regelmäßig etwas mehr Zeit gewonnen.

Ein weiterer positiver Nebeneffekt, sich mit anderen Familien zusammenzutun, ist der gemeinsame Austausch! Oft denken viele, es geht nur ihnen so. Tauscht euch aus, so oft es geht. Andere Familie haben die gleichen oder ähnliche Probleme. Zu hören, dass man nicht allein ist und es anderen genauso geht, tut gut. Außerdem kannst du dir vielleicht das ein oder andere abschauen oder einen Rat von außen holen. Ein objektiver Blick von außen sorgt für neue Gedankengänge und einen Blickwechsel. Und unter uns: Manchmal tut es auch einfach gut zu sehen, was bei anderen nicht klappt, aber bei euch schon gut funktioniert. Das ist in Ordnung. Jede Familie hat andere Baustellen.

Kleine Übung zur Unperfektion

Vielleicht wird in der anderen Familie mehr Schokolade gegessen als bei dir zuhause? Die Kinder dürfen dort auch mal mit den Schuhen aufs Sofa? Oder nach dem Spielen räumt keiner das Zimmer auf? Dann lege gerne weiterhin bei dir zuhause Wert auf deine Regeln, doch lass dein Kind auch andere Regeln erleben, solange diese nicht unmittelbar seine Gesundheit gefährden.

5. Nein sagen

Lerne, Nein zu sagen! Du musst nicht zu allem Ja sagen und du musst dich auch nicht dafür rechtfertigen, wenn du mal Nein sagst. Dafür hast du Gründe und wahrscheinlich mehr als genug. Wer lernt, auch mal Nein zu sagen und eine Aufgabe abzulehnen, schützt sich vor zusätzlicher

Belastung, vor zusätzlichen Dingen, an die gedacht werden müssen, also vor zusätzlichem Mental Load. Dein Partner braucht ein Geschenk für seine Mutter? Es braucht noch einen Elternteil, der in den Ferien die Pflanzen im Kindergarten gießt? Kannst du nicht noch einen Kuchen backen für das Gemeindefest in einer Woche? Nein, kannst du nicht. Wenn du ohnehin schon zu viel Mental Load hast, laste dir nicht noch neuen auf. Das heißt nicht, dass du nie wieder irgendwo helfen oder unterstützen wirst. Aber schaue zuerst auf dich. Wenn du das nächste Mal gefragt wirst, ob Sie etwas machen kannst, überlege vorher ganz in Ruhe, ob du dafür gerade wirklich Zeit hast. Wie sieht die Woche aus und vor allem was sagt dein Bauchgefühl? Machst du es aus Höflichkeit, weil man das eben macht oder bereitet es dir eigentlich Unbehagen, wenn du daran denkst? Dann höre auf dein Gefühl! Auch das will gelernt sein. Deshalb lieber einmal zu viel Nein sagen oder noch mal in Ruhe darüber nachdenken. Sie kannst ja auch noch einen Tag später Bescheid geben. Und: Wer immer Ja sagt, wird auch immer gefragt. Deshalb auch ruhig auch mal Nein sagen und die anderen machen lassen.

Kleine Übung zur Unperfektion

Klar möchtest du gerne als die wahrgenommen werden, die alles kann, alles schafft und jede Aufgabe übernehmen kann. Aber das musst du gar nicht sein. Du bekommst genauso viel Respekt – und vielleicht sogar noch mehr – wenn du nicht für alles und jedes eingeteilt werden kann. Respektiere deine eigenen Grenzen! Dann respektieren diese auch andere.

Sage aber nicht nur zu anderen Nein, sondern immer wieder auch zu den überzogenen Ansprüchen, die du an dich selbst hast. Muss zum Beispiel wirklich jeden Abend ein gesundes, ausgewogenes und aufwändig selbst gekochtes Essen auf den Tisch? Und muss der Kuchen für das Kita-Fest tatsächlich selbstgemacht sein und dennoch aussehen wie frisch vom Bäcker?

Überlege dir, ob du nicht zum Beispiel einmal die Woche einen Cheat Day einführen kannst, was das Abendessen betrifft. Denn, wie du es wahrscheinlich selbst kennst, kann es ganz schön anstrengend sein, jeden Tag etwas Frisches und Gesundes auf den Tisch zu bringen, was dann auch noch jedem in der Familie schmecken soll. Kochen nimmt nun mal Zeit in Anspruch und wenn es für euch eine Entlastung wäre, überlegt euch, ob ihr nicht einen Tag die Woche schummeln könnt, eben einen Cheat Day einführen. Das bedeutet konkret, dass es an diesem Tag eben mal Nudeln mit fertiger Tomatensoße oder Pesto gibt, mal eine Tiefkühlpizza oder vielleicht mal Essen bestellt wird. Es entlastet dich und die Kinder sind glücklich.

Gleiches gilt zum Beispiel fürs Backen. Auch hier kannst du vereinfachen, wenn es vielleicht einfach mal zu viel ist. Besprecht gemeinsam, ob es immer etwas komplett selbst Gebackenes sein muss oder ob es hier auch einfacher geht. Ihr braucht noch einen Kuchen fürs Kindergartenfest? Vielleicht tut es dieses Mal auch einfach eine Backmischung oder du kaufst einen fertigen Kuchen und machst noch eine Glasur, ein bisschen Zuckerguss und ein paar bunte Streusel drauf. Gegessen wird dieser auch auf jeden Fall. Er wird allen schmecken und du hast weniger im Kopf! Dieses „Vereinfachen" lässt sich auf viele andere Bereiche übertragen!

Und sage auch Nein zu den Dingen, die dich belasten: Euer Hab und Gut zu reduzieren, ist wahrscheinlich nicht das Erste, das dir in den Sinn kommt, wenn du deinen Mental Load verringern möchtest, und es ist sicher nicht der wichtigste Punkt, an dem du spürbar deinen ganzen Mental Load verringern wirst. Dennoch lohnt es sich durchaus, einen genaueren Blick auf den Familienbesitz zu werfen. Oft besitzen wir nämlich sehr viel und oft auch zu viel. Seinen Besitz zu reduzieren, kann helfen, Ordnung zu schaffen und Ordnung zu halten. Und das nicht nur äußerlich oder räumlich, sondern auch innerlich. Bei vielen Menschen ist der Raum, den sie bewohnen, zu voll. Bei manchen führt es sogar zu Unruhe oder einer Belastung. Gerade dann hilft es, sich mit seinen Dingen genauer auseinanderzusetzen und Ordnung und Raum zu schaffen. Auszusortieren und wegzuwerfen kann ganz schön befreiend sein und schafft Platz und Energie für andere Sachen. Gerade mit Kindern häuft sich der Besitz. Da kommt eine Menge an Kleidung und Spielsachen zum Familienbesitz hinzu, die gerade am Anfang, wo die Kinder schnell wachsen, regelmäßig ausgetauscht oder erneuert werden muss. Macht deshalb gemeinsam als Familie immer wieder eine Bestandsaufnahme. Brauchen wir dies und jenes noch oder können wir es weiterverkaufen, verschenken oder wegwerfen? Und falls wir sie noch brauchen, sind die Sachen noch in so einem guten Zustand, dass wir sie aufheben wollen? Eine regelmäßige gemeinsame Bestandsaufnahme verschafft Übersicht und verhindert unnötigen Ballast, um den sich gekümmert werden muss. Wer weniger hat, muss sich auch um weniger kümmern und hat dadurch wieder Zeit für anderes. Je weniger Dinge du hast, an umso weniger Dinge musst du auch denken. Und das bedeutet letztendlich weniger Mental Load.

Wenn ihr direkt eure ganze Wohnung oder euer Haus in Angriff nehmen wollt, empfiehlt es sich, das Buch von Marie Kondo „Das große Magic Cleaning Buch – Über das Glück des Aufräumens" zu lesen und bei eurer Entrümpelung zur Hand zu haben. In ihrem Buch erklärt sie ihre weltweit gefeierte Schritt-für-Schritt Methode und zeigt dabei, wie ihr euch von Dingen lösen könnt und die verbleibenden Dinge so organisiert aufgeräumt bekommt, dass es euer Leben spürbar einfacher macht. Marie Kondos Geheimnis ist es, sich wirklich nur auf die Dinge zu konzentrieren, die man mag und sich von allem anderen zu lösen. Mit ihrer Methode hat die Japanerin schon viele Leben verändert. Sie wird dir zeigen, wie dein ganzes Leben einfacher wird und du selbst zufriedener und glücklicher wirst. Dabei folgt Marie Kondo dem japanischen Sprichwort „Die Unordnung im Zimmer entspricht der Unordnung im Herzen". Auch hier lässt sich nur noch mal sagen, je weniger du besitzt, desto weniger Ballast hast du!

6. Auszeiten schaffen und Selbstfürsorge lernen

Wir haben bereits über Selbstfürsorge gesprochen und auch auf den folgenden Seiten ist dieses Thema immer wieder präsent. Da es so unglaublich wichtig ist, gerade für dich als junge Mutter, möchte ich dir auch hier, in Zusammenhang mit den Tipps rund um weniger Mental Load noch einmal ans Herz legen, wie wichtig es ist, auf dich selbst zu achten. Schaffe dir bewusst Auszeiten. Und sprich damit auch mit deinem Partner.

Wenn ihr eure wöchentliche Planung macht und gemeinsam eure Listen schreibt, dann schaut darauf, wieviel Auszeit und Zeit für euch allein ihr jeweils habt. Ist es gerade genug oder vielleicht zu wenig? Bräuchtet ihr mehr, um das Pensum an Kinderbetreuung und Hausarbeit zu schaffen? Sprecht darüber und schaut, wie ihr in der Woche auch Auszeiten für euch beide unterkriegt. Denn die kommen nicht von allein, die müsst ihr euch bewusst nehmen. Schreibt diese Zeiten deshalb auch in euren Wochenplan. Eine wöchentliche, regelmäßige kurze Auszeit schenkt euch Kraft und neue Energie. Vielleicht ist es der Sportkurs mittwochabends oder am Samstagmorgen ein Spaziergang ganz allein. Es kann auch eine Tasse Kaffee in Ruhe am Morgen oder ein heißes Bad in der Badewanne sein. Jeder Mensch hat individuelle Techniken, wie er seine Ressourcen wieder auflädt. Eine bewusste Auszeit ist elementar, um euren Mental Load zu verringern. Selbstfürsorge kann für jeden etwas anderes sein. Deshalb auch hier: Macht das, was ihr braucht und was euch guttut.

Wer sich um sich selbst kümmert und in einer gesundheitlich und psychisch guten Verfassung ist, der kann sich auch besser um andere kümmern. Selfcare mag vielleicht nach wieder so einem modernen Modewort klingen, doch bei all den ganzen Punkten rund um Mental Load geht es darum, dass es euch besser geht, dass euch Last abgenommen wird und diese fairer verteilt wird. Sei dir selbst wichtig. Kümmere dich um dich und deine seelische Verfassung. Was brauchst du dafür und was tut dir gut? Fordere das ein! Eine gute Selbstfürsorge ist eine wichtige Voraussetzung, um authentisch mit anderen Menschen in Beziehung treten zu können. Nur wer sich um sich selbst richtig kümmern kann, kann das auch für andere, ohne sich dabei selbst völlig zu verausgaben. Wenn es dir gut geht, wird sich das auf dein ganzes Familiensystem widerspiegeln. Du wirst es in deiner Partnerschaft spüren, aber auch an und mit deinen Kindern. Und deine Kinder lernen es direkt schon von klein auf, was es heißt, nach sich selbst zu schauen. Selbstfürsorge ist eine wichtige Ressource für deine Kinder und ihr späteres Leben. Sie lernen, auf sich und ihren Körper und ihre Gefühle zu achten. Überlastung, Burn-out und Stress sind in unserer heutigen Zeit zum Teil gang und gäbe. Spielt das Spiel nicht mit und zeigt auch euren Kindern, dass es anders geht. Wer sich um sich selbst kümmert, ist nicht egoistisch, er tut auch anderen Menschen damit etwas Gutes. Denn dadurch schöpfen wir wieder neue Kraft und setzen Energie frei, um uns auch um andere Dinge oder andere Menschen mit der vollen Aufmerksamkeit kümmern zu können.

Gerade als junge Mutter denkst du zuerst an dein Baby und dann erst irgendwann später vielleicht erst an dich? Du denkst, du solltest niemals an erster Stelle stehen? Und dabei vernachlässigst du deine eigenen Bedürfnisse immer mehr? Dann habe ich hier ein Bild für dich, das du dir immer wieder vor Augen führen kannst:

Kleine Übung zur Selbstfürsorge:

Vermutlich bist du schon einmal mit dem Flugzeug verreist. Zu Beginn des Fluges wirst du darüber informiert, was du in einem Notfall tun kannst. Sinkt zum Beispiel der Druck in der Kabine, so haben alle Mitreisenden Sauerstoffmasken zur Verfügung. Und hier wird einem ganz deutlich folgendes gezeigt: Greife zuerst nach deiner eigenen Maske und hilf dann erst deinem Kind oder einem anderen Passagier! Denn: Wenn du selbst ohnmächtig bist, kannst du niemandem mehr helfen! Dieses Bild kannst du auch wunderbar für deinen Mutteralltag übernehmen: Wenn die Luft knapp wird, dann sorge zuerst dafür, dass du selbst wieder atmen kannst. Erst dann hast du auch die Kraft, deinem Kind zu helfen!

Gut gerüstet in den Mama-Alltag starten

Formuliere deine Wünsche für den Mama-Alltag!

Nach der Geburt deines kleinen Sonnenscheins wirst du sofort ins kalte Wasser geworfen und musst deinen Alltag neu organisieren. Viele junge Mamas fühlen sich nach den ersten Tagen und Wochen daheim ausgelaugt und sind teilweise unzufrieden. Das ist verständlich, kann jedoch mit ein paar Tricks verbessert oder sogar behoben werden. Im ersten Schritt solltest du dir überlegen, wie du dir deinen neuen Alltag vorstellst und welche Wünsche damit verbunden sind. Nur wenn du dir ein grobes Ziel festlegst, kannst du hinterher auch damit zufrieden sein. Im anderen Fall würdest du keinen Vergleich zu deinem Wunsch-Alltag haben und müsstest immer latent mit einer gewissen Enttäuschung leben. Dies kann auf Dauer nicht gutgehen und fördert neben der Unzufriedenheit auch depressive Verstimmungen. Um konkrete Ziele und Wünsche formulieren zu können, sind ein Blatt Papier und ein Stift empfehlenswert. Gedanken verfliegen oft sehr schnell, aber alles, was schwarz auf weiß festgehalten wird, kann nachgelesen werden und bleibt präsent.

Kleine Anleitung zum Wunsch-Umsetzer

Schreibe zunächst alle Wünsche auf, die dir in den Sinn kommen! Anschließend vergibst du Wertpunkte, die bestimmen, welche Bedürfnisse zuerst umgesetzt werden sollen. Du musst dir nämlich im Klaren darüber sein, dass sich nicht alles und nicht immer im anvisierten Umfang realisieren lässt. Deshalb kann dir die Wertung helfen, die für dich wichtigsten Kriterien für einen ausgeglichenen Mama-Alltag herauszufinden. Möchtest du beispielsweise morgens ausgeschlafen und topfit aufstehen, wirst du schnell merken, dass dies fast utopisch ist. Die Umformulierung in genügend Schlaf- und Ruhephasen dagegen kann bei entsprechender Organisation durchaus realisiert werden. Du könntest die Zeiten, in denen dein Kleines schläft, ebenfalls nutzen, um Kraft zu tanken. Verschiedene Wünsche lassen sich eventuell nur durch Hilfe einer anderen Person umsetzen, wie deinen Partner. Am Wochenende könntest du ihn bitten, nachts mit deinem kleinen Wonneproppen aufzustehen, wenn dieser nicht gerade gestillt werden soll, damit du liegen bleiben kannst. Im Gegenzug könnte er dann morgens länger schlafen.

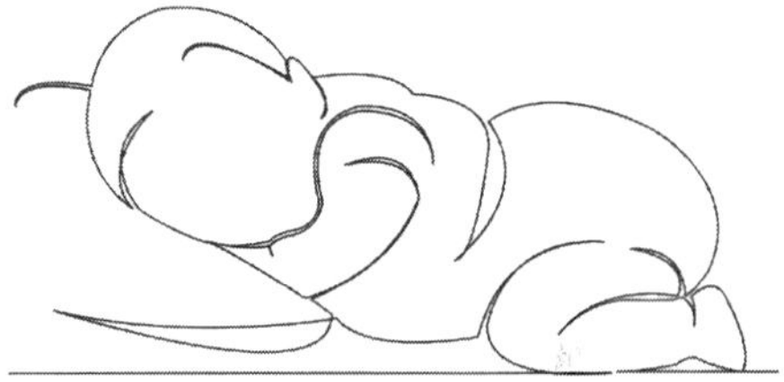

Es gibt natürlich noch deutlich mehr Wünsche für einen entspannten Alltag. Wichtig dabei ist, dass du nicht versuchst, alle Ziele auf einmal zu verwirklichen. Das kann nur schiefgehen. Kleine Veränderungen lassen sich meistens leichter und in kürzerer Zeit umsetzen, große Pläne brauchen dagegen mehr Zeit. Es gibt auch Wünsche, die einfach nie erreicht werden können, weil die Umstände dazu nicht geeignet sind. Deshalb solltest du nur realistische Ziele ins Visier nehmen, um hinterher nicht frustriert und unglücklich zu sein. Machbar sind unter Umständen Wünsche für mehr freie Zeit. Fahr deine Aufgaben im Haushalt etwas herunter und sei unperfekt! Du könntest beispielsweise teilweise auf gebügelte Wäsche verzichten und nur die wirklich notwendigen Teile glätten. Benötigt dein Mann viele Hemden, könnte er diese in einer Reinigung säubern und bügeln lassen, nur noch bügelfreie Hemden kaufen oder diese Aufgabe selbst übernehmen. Täglich die Betten zu machen, ist auch eine Arbeit, die nicht unbedingt notwendig ist, ebenso das hypergenaue Aufräumen. Teste einfach deinen machbaren Bereich und beginne mit kleinen Schritten. Dann wirst du schnell erfolgreich sein und in die richtige Richtung steuern.

Wünsche im Alltag mit einem Baby/Kind werden sich natürlich auch auf die gemeinsame Zeit beziehen. Formuliere auch hier deine wichtigsten Ziele und versuche, sie nach und nach umzusetzen. Je älter dein kleiner Liebling wird, umso eher gewöhnt er sich an festgelegte Abläufe, die dir sicherlich als Rituale bekannt sind. Diese helfen den Kleinsten zur Orientierung im Tages- und Wochenablauf. Je genauer verschiedene Zeiten und Rituale eingehalten werden, umso leichter gestaltet sich der Alltag mit Kleinkindern. Denk nur an die Schlafens- und Ruhezeiten. Wenn dein Kleines immer um 19 Uhr zu Bett gebracht wird, wird es irgendwann zu dieser Zeit automatisch müde. Ganz gravierend kann man diese „Anpassung" beim Umstellen der Sommer- und Winterzeit beobachten. Ein geregelter Tagesablauf kann auch dir als Mama helfen, um in der kinderfreien Zeit für ausreichend Entspannung sorgen zu können. Egal welche Wünsche du für die gemeinsam genutzte Zeit mit deinem kleinen Sonnenschein hast, schreibe auch diese wieder auf, um kontinuierlich, aber nicht verbissen, an dein Ziel zu kommen. Und lobe dich, wenn du dieses erreicht hast! Stellst du auf dem Weg dorthin fest, dass dein Wunsch nur teilweise verwirklicht werden kann, dann sei stolz auf diese Erkenntnis, setze das Vorhaben so um, wie es machbar ist, und lobe dich, wenn du dein geändertes Ziel erreicht hast!

Lass Achtsamkeit in dein Leben!

Gerade in der heutigen, schnelllebigen Zeit kommen die Menschen kaum zur Ruhe. Sie hetzen von einem Ort zum anderen, von einem Termin zum nächsten und wenn sie doch eine kleine Pause einlegen, wird das Smartphone gezückt und die Welt dreht sich online weiter. So geht es mittlerweile auch den meisten Müttern, was sich am Ende des Tages als Frustration, Müdigkeit, Überforderung, Zweifel oder Unzufriedenheit bemerkbar machen kann. Um aus diesem Hamsterrad ausbrechen zu können, bedarf es weniger, aber gezielt eingesetzter Methoden. Wenn diese auch nicht alle Möglichkeiten darstellen, die dir helfen können, so kommst du dennoch mit mehr Achtsamkeit, Selbstfürsorge und ein wenig Unperfektion in deinem Leben erfolgreich voran. Die Kombination dieser drei gut in den Alltag zu integrierenden Maßnahmen kann dir in kurzer Zeit Erleichterung und Entspannung ermöglichen. Doch was genau bedeuten diese drei Stützpfeiler, die dein Leben als Mama so wunderbar unterstützen sollen?

Nach dem Online-Lexikon für Psychologie und Pädagogik bedeutet Achtsamkeit, alles, was im Augenblick geschieht, bewusst wahrzunehmen, ohne es gleich zu beurteilen, ob es uns jetzt oder in Zukunft nützlich sein kann. (Stangl, 2020). Die wichtigste Botschaft dieser Definition liegt im bewusst angestrebten Wahrnehmen eines oder mehrerer Momente. Da die Menschheit nicht mehr wirklich zur Ruhe kommt, hat sie fast vergessen, achtsam zu sein. Auch dein Tagesablauf ist wahrscheinlich selten mit Zeiten ausgefüllt, in denen du den Augenblick mit allen Sinnen betrachtest. Vielmehr nutzen wir jede Minute, um uns über irgendetwas Gedanken zu machen. Nebenbei erledigen wir unsere Aufgaben automatisch, ohne bewusst darauf zu schauen, was wir gerade tun. Wann hast du denn das letzte Mal gefühlt, wie sich der Griff deines Messers anfühlt? Ist er kalt, weil er aus Edelstahl ist oder wärmer, weil er aus Holz besteht? Ist die Oberfläche nach den vielen Einsätzen mittlerweile rau und zerkratzt? Wenn du mit diesem Messer durch eine Tomate schneidest, bemerkst du dann den typischen Geruch und siehst die kleinen Kerne? Es ist leider so, dass wir im Alltags-Modus oft auf diese intensiven Eindrücke verzichten, weil wir unsere Konzentration nicht dem Augenblick schenken, sondern uns an Vergangenes erinnern oder bereits die Zukunft planen. Das ist ziemlich schade, weil wir viele schöne Augenblicke verpassen, uns verzetteln und weder auf uns noch auf unsere Umgebung wirklich achten.

Kleine Übung zur Achtsamkeit

Diese Übung kannst du auch gern zusammen mit deinem kleinen Liebling ausprobieren. In der wärmeren Jahreszeit legst oder setzt du dich auf eine Wiese und schließt zunächst die Augen. Versuche, auf alle Geräusche in deiner Umgebung zu achten, ohne sie zu bewerten. Auch wenn dich der Straßenlärm stören sollte, nimm ihn so an, wie er ist. Anschließend kannst du deinen Geruchssinn testen und danach deine Augen. Schau in den Himmel, auf die Wiese oder einfach um dich herum und nimm die unterschiedlichen Farbschattierungen wahr. Mit deinem Kind kannst du zusammen auch die Wolken beobachten und versuchen, Motive zu erkennen. Später solltest du noch testen, wie sich beispielsweise das Gras unter deinen nackten Füßen anfühlt. Vielleicht hast du auch einen Barfuß-Pfad in deiner Nähe, den Kinder sehr gern ausprobieren. Nimm all diese Momente intensiv wahr. Du wirst ruhiger und gelassener, weil sich dein Geist „nur" auf das Beobachten konzentriert. Je öfter du solche Übungen ausführen kannst, umso leichter wird dir in Zukunft das aufmerksame, unbewertete Betrachten fallen. Wenn es draußen kühler ist, kannst du die Übung etwas abwandeln und die Geräusche beim Blätterrascheln oder durch den Schnee Stapfen aufmerksam verfolgen. Auch das Fühlen mit den Händen, zum Beispiel von kaltem Schnee, einer nassen Schaukel oder eines Tannenzapfens, ist eine Möglichkeit, Achtsamkeit zu üben. Dir fallen in dieser Richtung bestimmt noch jede Menge anderer, kreativer Ideen ein.

Diese kleine Übung zur Achtsamkeit war nur der erste Schritt, um tatsächlich Änderungen in deinem Mama-Alltag hervorzurufen. Als Nächstes solltest du nämlich dich selbst genau beobachten und wiederum nicht urteilen, sondern dir nur bewusst werden. Schau ganz genau hin und spüre, in welchen Situationen es dir gut geht und in welchen nicht. Du kannst dir alle Aspekte gern notieren, um hinterher nachlesen zu können, in welchen Bereichen du bestimmte Muster und Gewohnheiten einfach durchziehst, die du vielleicht so gar nicht möchtest. Sobald du verstehst, dass es Dinge in deinem Mama-Leben gibt, die dir nicht guttun, kannst du sie ändern. Nimm dir deshalb immer wieder Zeit zu fühlen, wie es dir geht. Stellst du möglicherweise fest, dass du mit deinem Kind immer wieder schimpfst, weil es seine Spielsachen herumschmeißt und nicht zurück in die dafür vorgesehene Kiste legt, dann macht das weder dich noch dein Kind glücklich. Enttarnst du dieses Verhaltensmuster und wandelst es um, so könnt ihr beide profitieren. Zeige deinem kleinen Liebling immer wieder, wie es die Sachen in die Kiste legen soll und lobe es, wenn das klappt! Mach ein Spiel daraus oder erfinde eine Geschichte, warum das Aufräumen prima ist. Solltest du nicht so kreativ sein, gibt es natürlich auch Bücher mit lustigen Aufräum-Geschichten. Eine buddhistische Weisheit bringt es dabei auf den Punkt: „Wenn die Achtsamkeit etwas Schönes berührt, offenbart sie dessen Schönheit. Wenn die Achtsamkeit etwas Schmerzvolles berührt, wandelt sie es um und heilt es."

Kleine Übung zur Achtsamkeit

Um ausreichend Achtsamkeit in dein Leben lassen zu können, bedarf es ausreichend Praxis. Natürlich ist es für eine Mama schwierig, sich immer wieder Freiräume zu schaffen, doch einen Versuch ist es wert. Geh in Gedanken deinen Tag durch und schau, ob es nicht irgendwo ein paar Minuten gibt, die du für Achtsamkeitsübungen einplanen könntest. Vielleicht trinkst du noch vor dem Wecken deines Kindes eine Tasse Kaffee oder Tee und nimmst dir dafür 5 Minuten Zeit. Das wäre auf jeden Fall ein optimaler Zeitpunkt, sich Aufmerksamkeit zu schenken. Rieche und schmecke das Aroma deines Getränks und spüre anschließend in dich hinein und beobachte nur diesen Augenblick. Dein Start in den Tag wird mit jeder Übung entspannter, weil du dich ohne Wertung auf dich selbst konzentrierst und damit deinen Geist geschult hast. Dadurch können mehr Gelassenheit, Vertrauen und Intuition in dein Leben treten. Findest du morgens keinen Freiraum, dann versuch es doch einfach nach dem Mittagessen, auch wenn der Tisch noch nicht abgeräumt und die Küche etwas wild aussieht. Da die Verdauung deinen Körper fordert, fährt dein Kreislauf etwas runter und du wirst müde. Diese Zeit der natürlichen Entspannung könntest du für dich nutzen und achtsam sein. Dein Kind wird ähnlich müde und beschäftigt sich wahrscheinlich ein paar Minuten allein oder benötigt noch ein Mittagsschläfchen. Probiere es einfach aus! Auch die Fahrt mit dem Bus zur Arbeit, das Duschen (hier werden viele Sinne angeregt) oder wenn der Partner sich mit dem Kind beschäftigt, wären geeignete Zeitpunkte. Du findest mit Sicherheit ein paar Minuten, denn es müssen gar nicht viele sein. Viel wichtiger ist die Regelmäßigkeit der Ausführung.

Heiße Selbstfürsorge in deinem Leben willkommen!

Kleiner Mutmacher

„Verbringe jeden Tag einige Zeit mit dir selbst." Diese Lebensweisheit vom Dalai Lama schließt sich an die Aufmerksamkeit an. In diesem Fall solltest du dir bewusst Zeit nehmen, um dich zu umsorgen. Das kann etwas ganz Banales, aber ein für dich sehr wichtiger Aspekt sein. Wenn du dich gern kleidest, dann sollst du das als Mama natürlich auch tun. Nimmst du dir lieber Zeit, um ein Buch zu lesen, dann lies! Brauchst du täglich ein paar „Runden" mit dem Fahrrad, dann rauf auf den Sattel und los! Selbstfürsorge ist eines der wichtigsten Mittel, um als Mama in einem vollgestopften, anstrengenden und verantwortungsbewussten Alltag nicht unterzugehen, sondern auch noch leben zu können. Entscheide dich immer wieder, am besten täglich, für eine kleine positive Besonderheit, die nur für dein Wohlbefinden sorgt!

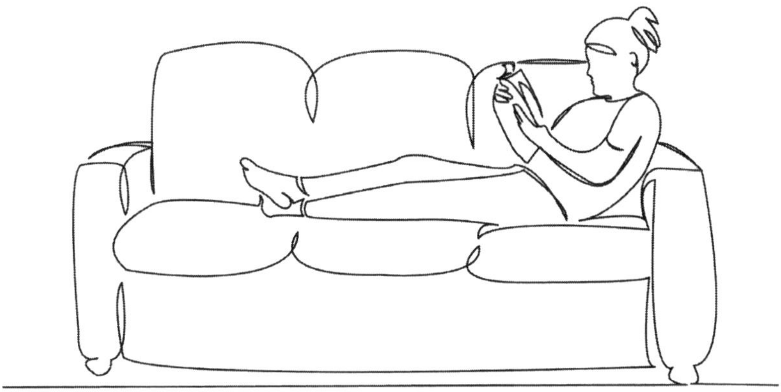

Es ist schließlich kein Geheimnis, dass Mamas, die sich wohlfühlen, auch entspannt und gelassen ihren Alltag bestreiten können. Sie bewegen sich in den gleichen Stürmen wie andere Mütter, nehmen diese jedoch nur als Lüftchen oder kleinen Wind wahr und können dementsprechend besonnener handeln. Selbstfürsorge ist also auch ein wichtiger Grundstein für ein gut funktionierendes Familienleben und ebnet die optimale Entwicklung des Babys/Kindes. Um zu verstehen, wie Selbstfürsorge deinem Mama-Alltag Entlastung bringen kann, solltest du dir vor Augen führen, dass alle äußeren Einflüsse keinen oder nur einen geringen Anteil am Verlauf deines Lebens haben. Vielmehr sind es deine Gedanken, die dein Leben formen. Du sorgst selbst für dein persönliches Glück. Glaubst du unter Umständen, dass dein Leben leichter wäre, wenn du mehr Geld zur Verfügung hättest, machst du dich von einem Punkt abhängig, den du jetzt nicht ändern kannst. Damit nimmst du dir wertvolle Kraft, um dich auf das Wesentliche zu konzentrieren. Vielmehr solltest du von innen heraus Dinge tun, die dich jetzt glücklich machen. Dabei sind es oft die kleinen und immateriellen Dinge, die das Leben angenehm gestalten, sei es ein Kinderlachen, ein Spaziergang im Wald oder das Herumtollen mit den Kleinen auf einer Wiese.

Kleine Übung zur Selbstfürsorge

Mamas stellen ihr eigenes Leben oft hintenan. Das ist allerdings nicht der beste Weg, zumal Mütter für ihre Kinder den größten Teil der Verantwortung tragen. Um sich selbst immer wieder zu hegen und zu pflegen, wie du es vielleicht mit deinem Garten oder deiner Lieblingspflanze tust, solltest du diesen Vergleich nutzen. Suche dir eine Pflanze aus, die du gern in deinem Zuhause hättest. Natürlich kann dies deine Lieblingspflanze sein. Dann stell dir vor, du wärst diese Blume, Beere, Strauch, Baum oder Obst- bzw. Gemüsepflanze und du wirst ab sofort von dir selbst versorgt. Du suchst den idealen Standort in Bezug zum Sonnenlicht, setzt die Pflanze nur an Orte, mit deren Nachbarn sie harmoniert, kümmerst dich um ausreichend Nährstoffe und die Grundversorgung mit Wasser, schaust nach einer guten Durchlüftung des Bodens, entfernst Unkräuter und überzeugst dich jeden Tag persönlich davon, ob es ihr gut geht. Nun brauchst du dein „Pflanzenleben" nur noch eins zu eins übertragen: verbringe also viel Zeit an Orten, an denen du dich wohlfühlst oder gestalte deine Umgebung nach deinen Vorstellungen, sorge für viel frische Luft (auch in deinen Gedanken), nähre deinen Körper mit den für dich geeigneten Zutaten (dazu zählen neben gesunder Ernährung unter anderem auch Freizeit, Kleidung, Freundinnen), entferne unnötige und belastende Dinge, umgib dich nur mit dir wohlwollenden Personen und schaue täglich nach deinem Wohlbefinden.

Mit der neuen Fürsorge, die du dir zukommen lässt, kannst du ganz gezielt, deinen Alltag verändern. Es gibt die eine oder andere Baustelle, die dich irgendwie genervt hat, doch im Strudel des alltäglichen Wahnsinns hast du dir nie die Zeit genommen, genau dahinter zu blicken und für dich nach einer Änderung zu suchen. Jetzt ist es so weit! Wenn du beispielsweise merkst, dass deine Laune rapide sinkt, weil du heute noch einen Kuchen backen, das Loch in der Hose deines Sohnes stopfen und zum

Elternabend in die Kita musst, dann verdrehe nicht genervt die Augen und mach weiter, sondern setz dich hin und halte kurz inne. Wie fühlst du dich? Wahrscheinlich gestresst und fremdbestimmt. Rufe dir ins Gedächtnis, dass du trotz allem eine gute Mama bist und finde eine Lösung für das Dilemma. Muss der Kuchen wirklich sein oder reicht es auch, wenn du ihn morgen bäckst? Dein Sohn hat mit Sicherheit eine zweite Hose und, wenn es die Lieblingshose sein sollte, dann zieh sie ihm eben mit Loch an. Das ist heutzutage trendig. Und der Elternabend? Gestresste Mamas dürfen durchaus auch ein paar Minuten zu spät kommen oder die Zusammenfassung von einer anderen Mutter hören. Vielleicht könnte auch der Papa diesen Part übernehmen. Du siehst, Lösungen kann es viele geben. Versuch einfach mit einem Blick Selbstfürsorge einen guten Plan für dich zu finden, um nicht nur durchzuhalten, sondern auch zu leben. Als Mama muss man sich immer wieder vor Augen führen, dass man sein bisheriges Leben nicht komplett aufgeben darf. Immerhin bist du immer noch die Frau, die du auch vor der Geburt deines Kindes warst, mit allen Bedürfnissen, Hoffnungen und Wünschen. Und die sollten auch weiterhin, wenn nur in einem anderen Umfang, zu deinem Leben gehören.

Nachdem du viel Selbstfürsorge in dein Leben als Mama gelassen hast, wirst du schnell merken, wie sich dein Leben und auch das deines kleinen Schatzes gewandelt hat. Deine innere Gelassenheit wird deutlich spürbar sein, besonders im Umgang mit deinem Baby/Kind. Eine ausgeglichene Mama reagiert auch in unangenehmen und brenzligen Situationen besonnen und entscheidet intuitiv das Richtige. Weiterhin wächst dein Vertrauen, sowohl in dich als auch in dein Kind und in die Zukunft, weil du sozusagen sicher und gut behütet (von dir selbst) im Hafen liegst. Dadurch bekommst du auch einen Blick darauf, was für dich wichtig ist, vor allem in immateriellen Dingen. Diese Werte kannst du dadurch sehr leicht an deinen kleinen Sonnenschein weitergeben.

Probier's mal mit Unperfektion in deinem Leben!

Mit Achtsamkeit und Selbstfürsorge hast du dich bereits auf einen Weg gemacht, dein Leben als Mama entspannter anzugehen. Ergänzt du diese Schritte um ein gewisses Maß an Unperfektion, dann wirst du staunen, wie leicht es sich an manchen Tagen leben lässt. Natürlich kannst du nicht erwarten, dass immer alles klappt und meine Tipps dich gegen jegliches Chaos schützen werden. Das wäre dann doch zu perfekt und ist auch nicht das Ziel. Wenn du aber immer öfter feststellen kannst, dass du kleine, intensive Auszeiten hattest, sich nicht alles nur um den Nachwuchs gedreht hat und die Freude am Leben zunimmt, dann hast du alles richtig gemacht! Und ein nicht ganz perfekter Alltag gehört einfach dazu. Meine Übungen der Achtsamkeit und Selbstfürsorge enthielten schon Ratschläge, die dich vielleicht „erschüttert" haben, denn sie zielten bereits auf die Unperfektion ab. Da ging es beispielsweise um die kaputte Hose, deren Loch bleiben soll, oder den gedeckten Tisch, der nach dem Mittagessen einfach erstmal so bleibt, wie er ist. Für viele Mamas grenzt das bereits an ein No-Go und das ist selbstverständlich in Ordnung. Wenn du in diesem Bereich keine Kompromisse machen kannst, dann möchte ich dich auch nicht dazu überreden. Es gibt aber immer einen Aspekt, den man weniger ernst nimmt und genau hier befindet sich der Ansatzpunkt. Suche gezielt nach den Themen, in denen du ein geordnetes Chaos zulassen kannst. Bist du beispielsweise beim täglichen Kochen genervt, dann könntest du ab und zu auf einen Lieferservice zurückgreifen. Vielleicht kocht auch deine Mutter oder Oma mal die ein oder andere Portion mehr und gibt dir etwas ab. Auch Tiefkühlkost ist durchaus drin und schadet der Gesundheit weniger als ständige Überlastung. Womöglich hast du einen Partner, der gern kocht und diese Aufgabe am Abend übernehmen kann. Das sind reichlich Ansätze, diesen Bereich gelassener anzugehen und auf Unperfektion zu setzen, auch wenn andere Mütter jedes gesunde Mittagessen auf Social-Media-Kanälen verbreiten müssen. Trau dich ruhig, du selbst zu sein und schaff dir dadurch die Freiheit, ein unperfektes, aber ruhigeres Leben zu führen.

Kleine Übung zur Unperfektion

Auch bei dieser Übung sind die Kleinsten die besten Vorbilder. Vielleicht hast auch du schon bei deinem 4-jährigen Kind beobachtet, dass es, wenn es sich seine Kleidung selbst aus dem Schrank nehmen darf, sehr witzige Kombinationen aussucht. Kindern ist es normalerweise egal, ob Kleidungsstücke zusammenpassen oder nicht, Hauptsache sie gefallen ihnen und sind bequem. Probiere es selbst mal aus. Solange du nicht gerade gestylt aus dem Haus gehen willst, kannst du doch in der karierten Schlabberhose mit geblümtem T-Shirt herumlaufen. Vergiss aber nicht, wenn du an einem Spiegel vorbeikommst, genau hinzusehen und herzhaft über dein Outfit zu lachen. Und sollte dennoch unverhofft Besuch oder der Postbote vor der Tür stehen, dann freu dich über die verblüfften Gesichter! Die könnte dein Besuch auch haben, wenn du dich wie die Kleinsten um das Aufräumen kümmerst, nämlich gar nicht. Natürlich sind völlig chaotische Zimmer kein Dauerzustand, es aber einfach mal in einem Zimmer für wenige Tage auszuprobieren, könnte dich zumindest dazu bringen, die Ordnung ein wenig lockerer zu sehen.

Perfektion ist ein Zustand, den ein Mensch kaum erreichen kann und der auf keinen Fall erstrebenswert ist. Gerade unsere kleinen Fehler machen uns menschlich und bringen uns im Leben voran. Es wird immer Bereiche geben, in denen wir besser sind als in anderen und die wir vielleicht nahezu perfekt ausfüllen. Das ist gut und kann dennoch nicht auf allen Ebenen erreicht werden. Sei immer stolz, auf deine besonderen Talente, aber mach dir keine Sorgen um weniger Begabung bei anderen Dingen. Dein kleiner Liebling wird deine positiven Seiten genauso lieben wie deine negativen, denn für ein Kind gibt es diese Differenzierung noch nicht. Es wird dich liebenswert finden, egal ob du dick oder dünn bist, ob du besonders gut malen oder gärtnern kannst, deine Vorliebe für Musik in den Bereich der Klassik geht oder du liebend gern falsche Töne singst. Eine Mama wird vielmehr geliebt, weil sie für das Kind Zeit hat, seine Sorgen und Ängste ernst nimmt, es in allen Lebenslagen unterstützt und immer wieder liebevoll agiert. Du solltest auch wissen, dass Kinder irgendwann ihr „perfektes" Gegenüber durchschauen. Sie merken, ob du dich verstellst oder du selbst bist. Also sei eine unperfekte, wundervolle Mama und gib alle Ansprüche an Perfektionismus auf!

Hilft ein Alltagstagebuch, um Stresssituationen aufdecken und beheben zu können?

Wer sich um Achtsamkeit, Selbstfürsorge und Unperfektion in seinem Leben kümmert, möchte seinen Alltag gern so gestalten, dass die wertvolle Zeit nicht unnütz vertan wird. Um den ein oder anderen Zeitfresser entlarven zu können, wäre ein Tagebuch eine Möglichkeit, seinen Alltag genauer unter die Lupe zu nehmen. Keine Sorge, dies soll nicht in großem Mehraufwand enden, sondern ist als Hilfe gedacht, das Zeitmanagement grob überblicken zu können. Meist sind es nämlich die unscheinbaren Dinge, die viele wertvolle Minuten des ohnehin schon vollen Alltags stehlen. Vielleicht fällt dir sofort eine Beschäftigung ein, über die du dich immer wieder ärgerst, weil deine Zeit damit zu schnell verstreicht und sie eigentlich überflüssig war. Ich denke da zum Beispiel an das Smartphone. Wie schnell ist es in der Hand, weil man es immer dabeihat. Kaum vernimmst du den Eingang einer Nachricht, schon kribbeln die Finger und du musst rangehen. Es könnte ja etwas Wichtiges sein. Und schon hältst du das Smartphone in der Hand, liest die angekommene Info, auch noch die neuesten Nachrichten, überfliegst die Newsletter und schaust vielleicht auch noch die darin angepriesene Nachtwäsche vom Markenhersteller an. Wenn du schon dabei bist, kannst du auch gleich noch nach Schuhen und Jacken für den kleinen Liebling suchen. Und in Nullkommanix ist eine halbe Stunde verstrichen. Genervt legst du das Smartphone beiseite und bist missmutig, weil du dich über dich selbst ärgerst. Und genau das ist der Knackpunkt. Unnütz vergeudete Zeit verursacht miese Laune. Deshalb ist es wichtig, diese Zeitfresser rechtzeitig zu erkennen und zu beseitigen.

Kleines Alltagstagebuch

Um einen groben Überblick über deinen Tagesablauf zu erhalten, schreibst du einfach die einzelnen Aufgaben auf oder fasst diese bereits zu einer Gruppe zusammen, zum Beispiel „Aufstehen + Frühstück". Dazu zählen dann unter anderem duschen, anziehen, Frühstück machen, Kind wecken und anziehen, frühstücken. Dieser Komplex benötigt in der Regel die gleiche Zeit und kann deshalb gut als ein gemeinsamer Aspekt gewertet werden. Bereite vor der eigentlichen „Zeitmessung" gern mehrere Blätter vor, die etwa eine Woche reichen. Dann brauchst du tagsüber nur kurz die benötigte Zeit einzutragen, wobei ein Blick auf die Uhr reicht. Die Zeit musst du auf keinen Fall mit der Stoppuhr messen, sondern kannst sie grob überschlagen. Wenn du an die ein oder andere Zeitmessung gar nicht gedacht hast, kannst du auch schätzen, aber bitte nicht bei Aufgaben, bei denen du dich gern verzettelst. Immerhin möchtest du die tatsächlichen Zeitfresser entlarven und da solltest du die richtige Zeitspanne kennen. Nach ein paar Tagen kannst du eine erste Auswertung vornehmen. Schau nach den Beschäftigungen, die viel Zeit benötigen und überlege, ob du etwas kürzen kannst. Wenn du gern zusammen mit deinem Baby eine Stunde Mittagsschlaf machst, die dir guttut, dann bleibt diese natürlich bestehen und fällt nicht in den Bereich unnütz vergeudeter Zeit! Vielleicht telefonierst du jeden zweiten Tag ausgiebig mit deiner Mutter und würdest hier gern sparen, weil meist nur Belangloses besprochen wird. Das wäre dann ein Zeitfresser, der sich reduzieren ließe.

Manchmal finden sich auch Angewohnheiten, die in der Summe Zeit kosten. Wenn du als Mama viel Bügelwäsche hast, kommen schnell ein paar Stunden in der Woche zusammen. Vielleicht kannst du hier mit ein wenig Unperfektion weiterkommen. Ähnliches gilt für Staubsaugen, Staubwischen oder Bettenmachen. Manche Aufgaben kann man im Rhythmus anpassen und manche eventuell ganz abstellen. Jeden Tag und in jedem Raum Staubsaugen muss man doch nicht wirklich, oder?

Andere Gewohnheiten beziehen sich beispielsweise auf das Lesen der Tageszeitung, das Stöbern in Zeitschriften und Katalogen, das Schauen von Fernsehsendungen sowie die Zeit am Computer oder Smartphone. Gerade diese Beschäftigungen können schnell viel Zeit in Anspruch nehmen. Wenn dir diese Pausen sehr wichtig sind und dein Wohlbefinden verbessern, ist gegen die Ausübung gar nichts einzuwenden. Sollten sich allerdings Schuldgefühle einschleichen, weil du womöglich zu lange im Katalog geblättert hast, obwohl du gar nichts bestellen möchtest, dann solltest du diesen Zeitfresser genauer unter die Lupe nehmen. Manchmal kann das Durchstöbern von Katalogen oder anderen Medien durchaus entspannend sein, setze dir dafür aber ein Zeitlimit, beispielsweise von 10 Minuten. Fühlst du dich danach gut, kann es so bleiben. Falls du Schwierigkeiten hast, diese Zeitspanne während der Beschäftigung abzuschätzen, dann hilft ein Kurzzeitwecker. Dies gilt insbesondere für längere, unnütze Zeiten am Smartphone oder Laptop. Damit du nicht in die „Ich-schau-nur-mal-kurz-und-bleibe-dann-doch-länger-Falle" tappst, solltest du dir vorher überlegen, wie viel Zeit du in diese Tätigkeit stecken möchtest. Über den ganzen Tag verteilt, kann das moderne Nutzerverhalten nämlich viele Minuten und Stunden Beschäftigung bedeuten.

Im Alltagstagebuch kannst du zusätzlich deine Termine eintragen, die du zum Beispiel mit der Krabbelgruppe, der musikalischen Früherziehung, der Eltern-Kind-Sportgruppe oder bei Ärzten hast. Sobald mehrere Kinder in der Familie leben, kann sich dieser Terminplan schnell füllen und eine Herausforderung zur Organisation aller Aktivitäten nach sich ziehen. Dieser Überblick kann sehr einfach Stressfallen aufzeigen, für deren Entzerrung sich bestimmt Lösungen finden lassen. Allein der Weg zu diesen Terminen kann durch Aufteilung zwischen dir und deinem Partner, aber auch zwischen dir und anderen Mamas durch abwechselndes Übernehmen der Aufgabe auf mehreren Schultern verteilt werden. In diesen Bereich fallen auch die Besuche bei gleichaltrigen Kindern. Wenn sich die Kleinen langsam von ihren Müttern abnabeln, kommt auch die Zeit der Kinder-Freundschaften und es können regelmäßige Besuche stattfinden. Dadurch wird es immer wieder Stunden geben, in denen du ein anderes Kind zu Besuch hast, aber auch die Zeiten, in denen du praktisch von deinem Kind „frei" hast. Ist es dein einziges Kind, dann kannst du nun gezielt etwas für dich tun. Bei mehreren Kindern erhältst du immerhin eine kleine Entlastung.

Kleiner Mutmacher

Auch wenn du zunächst den Mehraufwand zum Führen eines Alltagstagebuches fürchtest, so kann es doch ein guter Begleiter sein, um echte Zeitfresser ausfindig zu machen. Die digitale Welt ermöglicht es dir, das Tagebuch vorzubereiten und einfach regelmäßig ein paar Kopien auszudrucken, in denen du nur alle Zeitspannen und unvorhergesehene Aktivitäten eintragen musst. Klingt doch nicht wirklich nach viel Arbeit, oder? Und sobald du deine Zeitkiller enttarnt hast, kannst du mit dem Alltagstagebuch auch schon wieder aufhören.

Bleib cool – in guten wie in schlechten Tagen!

Mit Musik und Kreativität entspannen

In deinem Alltagstagebuch konntest du nun sehen, wie du deine Zeit im Laufe des Tages verbringst. Vielleicht ist dein Mama-Alltag schon recht ausgewogen und es haben sich kleine Auszeiten oder Phasen zur Entspannung darin befunden. Falls das nicht so war, hast du nun die Möglichkeit, nach Zeiten zu suchen, die du für dich und deine Selbstfürsorge einplanen könntest. Natürlich gibt es nicht jeden Tag massenweise freie Zeit für eine Mama. Darauf kommt es auch nicht an. Viel wichtiger ist die Regelmäßigkeit dieser kleinen Auszeiten, auch wenn sie manchmal nur zehn Minuten betragen. Ich möchte dir nun einige Möglichkeiten zur Achtsamkeit und Selbstfürsorge vorstellen, die sich leicht in dein volles Tagespensum integrieren lassen. Die ein oder andere Aktivität sagt dir vielleicht besser zu, dann entscheide dich dafür. Es kann aber auch sein, dass du zwei verschiedene Methoden abwechselnd ausüben möchtest. Probiere einfach einiges davon aus und erkenne, womit du dich wohlfühlst und welche Angebote sich davon am leichtesten umsetzen lassen.

Im Kapitel „Sprich mit anderen über deine Sorgen und Ängste" habe ich bereits vom Tanzen, Singen und Kreativsein geschrieben. Diese Aktivitäten sind einfach ideal in einen Mama-Alltag zu integrieren, egal ob du sie allein ausführst oder zusammen mit deinem kleinen Wonneproppen. Es ist wissenschaftlich belegt, dass Musik eine entspannende und heilende Wirkung entfalten kann. Das hast du mit Sicherheit schon selbst erfahren, wenn dich Musikstücke besonders berührt haben. Musik geht direkt aufs Herz. Hörst du klassische Musik, wie Mozart, kann das dein Herz beruhigen und Entspannung bringen. Tanze mit deinem weinenden Baby zu Walzermusik und du wirst merken, dass nicht nur das Wiegen im Arm dein Kleines beruhigt. Die sanften Klänge übertragen sich auf den kleinen Körper und meist schläft ein Baby ein. Möchtest du dagegen deine angestaute Unzufriedenheit beseitigen, können kräftige und harte Beats, zum Beispiel Rock, Hard Rock oder auch Rap, helfen. Hierbei solltest du allerdings aktiv werden und dir sozusagen die Seele aus dem Leib tanzen. Wenn dein Kleines auf diese Musik negativ reagiert, ist diese Art Entspannung nur dann praktizierbar, wenn du Kopfhörer trägst oder dein kleiner Liebling anderweitig betreut wird. Am besten reagiert dein Unterbewusstsein auf deine Lieblingsmusik, die deinem Kind mit Sicherheit auch gefallen wird. Singe, tanze und höre immer wieder Songs, denn in vielen Fällen übst du hier Achtsamkeit aus, ohne es zu merken. Du konzentrierst dich vor allem beim Singen auf den Text und die Schwingungen und bist dadurch ganz bei dir.

Kleiner Mutmacher

Musik besteht aus Frequenzen, die Schwingungen im menschlichen Körper hervorrufen. Aber auch andere natürliche (z. B. die Frequenz der Erde, die sogenannte Schumann-Frequenz) und technisch verursachte Frequenzen (z. B. Radiowellen, CT in der Medizin) beeinflussen die Menschen. In verschiedenen medizinischen Untersuchungen wurden dabei positive und negative Auswirkungen auf den Organismus festgestellt. Die

Studien fanden heraus, dass bestimmte musikalische Frequenzen Einfluss auf das Befinden und die Gesundheit der Menschen haben. Im Deutschen Ärzteblatt wurden im Jahr 2013 klassische Musikstücke vorgestellt, die beispielsweise gezielt zur Entspannung und Stärkung des Immun- und Nervensystems eingesetzt werden können. Dazu zählen unter anderem die Goldberg-Variationen (BWV 988) von Johann Sebastian Bach, die Mondscheinsonate (op. 27, Nr. 2) von Ludwig van Beethoven, die Sinfonie Nr. 40 g-Moll, 2. Satz (KV 550) von Wolfgang Amadeus Mozart und die Fantasie-Impromptu (op. 66) von Frédéric Chopin. Neben der klassischen Musik gibt es auch diverse Klang-CDs, auf denen mithilfe von Frequenzen und Naturtönen Entspannungsmusik produziert wurde. Diese Musikarrangements sind vor allem zum aktiven Entspannen geeignet, während klassische Musik auch nebenbei, also bei der Hausarbeit oder im Büro, gehört werden kann. Im Handel sind weiterhin speziell für Babys und Kinder zusammengestellte CDs mit klassischer Musik erhältlich, um sie beim Einschlafen zu begleiten. Möchtest du neben der Entspannung auch depressiven Stimmungen vorbeugen, empfehlen die Wissenschaftler beispielsweise das Klavierkonzert Nr. 4 G-Dur (op. 58) von Ludwig van Beethoven, die Sinfonie Nr. 94 von Joseph Haydn, die Konzerte für Streicher und Cembalo von Antonio Vivaldi und die Arie „Dies Bild ist bezaubernd schön“ (aus der Oper „Zauberflöte“, KV 620) von Wolfgang Amadeus Mozart.

Neben der Musik lassen sich auch kreative Tätigkeiten leicht in den Mama-Alltag integrieren, vor allem dann, wenn das Kind selbst mitmachen kann. Sich schöpferisch auszudrücken, kann Verstimmungen, Sorgen und Unzufriedenheit lösen, indem man sich alles von der Seele spricht, schreibt, malt, töpfert, baut und so weiter. Jede kreative Arbeit hat dabei ihren eigenen Wirkungsbereich. Während das Stricken, Häkeln und Bügelperlenbilder-Zaubern nahezu meditativ sind, kann man sich im Garten erden. Diese Beschäftigung hat sehr viel mit Achtsamkeit und Fürsorge zu tun. Weiterhin wirst du dich beim Gärtnern zwangsläufig mit Mutter Erde verbinden, was dir helfen kann, deine Gedanken zur Ruhe kommen zu lassen. Stell dir nun noch vor, dass deine Füße sich mit imaginären Wurzeln verlängern und fest im Boden verankern. Diese Vision erzeugt in deinem Unterbewusstsein das Gefühl, fest auf beiden Beinen zu stehen, was du als Mama ja auch täglich beweisen musst. Fast alle kreativen Tätigkeiten kannst du zusammen mit deinem kleinen Liebling, natürlich altersentsprechend, ausüben. Kinder lieben das Arbeiten mit ihren eigenen Händen und erfreuen sich an den Ergebnissen. Sie sind in der Regel richtig stolz darauf und das solltest du auch sein! Und wenn dich ein kleiner Makel stört, so sag jedem und zuallererst dir selbst, dass dies deine eigene persönliche Note ist, denn auch Handarbeit kann nicht immer perfekt sein! Übrigens bemerken die meisten Menschen solche kleinen Abweichungen gar nicht. In jedem meiner gestrickten Socken oder Pullis und manchmal auch in den genähten T-Shirts und Jacken finden sich unbeabsichtigte Fehler, die nur ich kenne. Seit Jahren bezeichne ich sie als meine persönliche Handschrift.

Mit Meditation Achtsamkeit und Selbstfürsorge üben

Als weitere Entspannungstechnik ist die Meditation zu empfehlen, die sich der Achtsamkeit und Selbstfürsorge zuwendet. Die erste Übung dazu konntest du bereits im Kapitel “Vertrau deinen angeborenen Fähigkeiten” lesen und hast sie vielleicht auch schon getestet. Meditieren klingt für die meisten Mütter zunächst nach viel Arbeit und Zeit und irgendwie auch suspekt, weil es von vielen Menschen in die esoterische Ecke geschoben wird. Lass dich davon nicht beirren, denn alle drei Aussagen solltest du nicht für bare Münze nehmen. Die Meditation ist seit vielen Jahren auf dem Weg in die Mitte der Bevölkerung. Manager nutzen sie ebenso wie Sportler, um sich mit Achtsamkeit zu entspannen und anschließend durch gezielte Konzentration zu Höchstleistungen zu treiben. Falls du diese Technik nicht allein erlernen möchtest, bieten sich Kurse an, die mittlerweile in vielen Volkshochschulen angeboten werden. Beim Meditieren kommt es in erster Linie auf das bewusste Beobachten an, also die pure Achtsamkeit. Ziel ist es, sein Denken und Tun auf nichts zu reduzieren. Okay, das klingt wirklich schwierig und soll nicht für jede Mama das große Ziel sein. Wenn du allerdings durch den Einsatz von Meditationstechniken deinen Geist soweit zur Ruhe bringen kannst, dass er sich auf eine Sache konzentrieren kann, wäre das einfach super! Die Atemtechnik habe ich dir im oben genannten Kapitel beschrieben. Versuche einfach auf dieser Methode aufzubauen.

Kleine Übung zur Achtsamkeit

Eine weitere Möglichkeit des Meditierens, die ich dem Meditationsführer von Osho entnommen habe, ist es, mit dem Herzen fühlen zu lernen. Als dein Baby geboren wurde, hast du dies mit Sicherheit getan und dir ist ganz warm ums Herz geworden. In diesem Moment war dein Kopf ausgeschaltet. Das sollte er viel öfter sein, denn durch das ständige Denken fühlst du zu wenig. Setze oder lege dich bequem hin und schließe die Augen. Nun spürst du in deinem Körper nach, wo es Verspannungen gibt. Beginne an den Füßen. Bei jeder Stelle deines Körpers, an der du leichte bis mäßige Schmerzen hast, spannst du die Muskeln noch stärker an. Und dann lässt du diese Spannung los. Die Stelle wird sehr leicht. Wenn du deinen kompletten Körper gelockert hast, gehst du in Gedanken zu deinem Kopf. Und nun stell dir vor, du setzt ihn ab und gehst ohne durch dein Leben. All deine Gedanken sind damit beiseitegelegt und du kannst nur noch mit dem Herzen fühlen. Das Herz steht für Frieden und Liebe. Wenn die Menschen so richtig verliebt sind, spüren sie diesen tiefen Frieden, denn die rosarote Brille schaltet den Kopf einfach aus. Versuche immer wieder, diesen Zustand beim Meditieren herbeizuführen.

Kleine Übung zur Achtsamkeit

Sollte dir die obige Übung zu schwer sein, habe ich noch eine einfache Aufgabe für dich, die auch als Meditation bezeichnet werden kann. Dafür solltest du an der frischen Luft sein, zur Not geht auch ein Balkon oder das offene Fenster. Und nun stell dir vor, du bist ein Baum, fest verwurzelt in der Erde, und streckst dabei beide Arme zur Seite. Nimm die äußeren Einflüsse bewusst wahr, natürlich mit geschlossenen Augen. Fühlt sich deine Rinde (Haut) kalt an oder treffen dich warme Sonnenstrahlen? Tropft Regen auf deine Blätter (beispielsweise Hände, Kopf) oder bläst ein kräftiger Wind? Nachdem du dich als Baum wahrgenommen hast, versuche dir vorzustellen, es käme ein Sturm oder Gewitter auf. Ahme die Bewegungen des Baumes ruhig nach und falls dies mit geschlossenen Augen nicht funktioniert, darfst du sie gern öffnen. Vergiss dabei nicht, dich mit deinen imaginären Wurzeln im Boden festzuhalten. Diese Übung benötigt nur wenige Minuten. Anschließend solltest du das Gefühl verinnerlichen, dass dir auch im realen Leben ein Sturm nicht wirklich etwas anhaben kann. Sobald du dich nicht dagegen wehrst, sondern mit der natürlichen Kraft im Einklang bleibst, so wirst du gestärkt aus dieser Situation hervorgehen.

Kleine Übung zur Selbstfürsorge

An verschiedenen Tagen hast du als Mama wahrscheinlich kaum Zeit für Meditationen oder andere Entspannungsübungen, die eines bestimmten Ortes oder einer längeren Zeitspanne bedürfen. Die folgende Mini-Meditation kannst du allerdings überall und auch nur ganz kurz ausführen. Du musst dich lediglich bequem positionieren und dann alle Achtsamkeit auf dich selbst lenken. Atme ruhig und stelle dir einen Luftballon über deinem Körper vor, der mit dir durch einen dünnen Tunnel verbunden ist. Dort hinein verschiebst du all deine Gedanken, um deinen Geist zur Ruhe bringen. Damit sie nicht zurückwandern können, verschließt du den Eingang. Und nun versuchst du, an nichts zu denken. Wenn sich neue Gedanken bilden sollten, schickst du sie wieder in den Luftballon und denkst erneut nichts. Wenn deine Übungszeit endet, darfst du alle positiven Gedanken wieder in deinen Kopf lassen. Die negativen Gedanken dagegen lässt du gut verschlossen im Ballon und schickst ihn auf die Reise. Vergiss dabei nicht die Verbindung zu dir zu kappen.

Am Anfang ist das Erlernen von Meditationstechniken nicht ganz einfach und ohne Anleitung sehr viel schwerer. Manche Menschen haben auch Angst, etwas falsch zu machen und lassen sich dadurch nicht auf diese Art der Entspannung ein. Es gibt allerdings viele Hilfsmittel, die dir den Einstieg ins Meditieren erleichtern können. Es gibt zahlreiche Literatur, Videos, Blogs und CDs. Die mit Musik unterlegten Medien führen dich durch die sanften Klänge in einen Ruhezustand, der dir beim Meditieren helfen kann. Es sind dazu geführte Meditationen erhältlich, die dir einen genauen Weg vorzeichnen, den du nehmen solltest. Nimm dazu eine bequeme Position ein und folge mit allen Sinnen dem oder der Sprecher/in. Er/sie leitet dich durch die gesamte Traumreise. Hierfür benötigst du zwischen 30 und 60 Minuten Zeit, die du wirklich ungestört sein solltest. Vielleicht kannst du deine ersten geführten Meditationen an Wochenendtagen ausführen, bei denen dein Kind von deinem Partner oder einem lieben Verwandten umsorgt wird. Auf dem Markt sind auch CDs zur Meditation vorhanden, die für Kinder geeignet sind. Hör dich einfach um oder lass dich beraten, um zusammen mit deinem kleinen Liebling solche Entspannungsreisen zu unternehmen. Abhängig von der Gestaltung der Medien können die ersten Meditationen in Form von Fantasiereisen bereits ab etwa 3 bis 4 Jahren genutzt werden.

Autogenes Training verleiht tiefe Entspannung

Neben der Meditation gibt es weitere Methoden zur gezielt herbeigeführten Entspannung. Das von Johannes Heinrich Schultz, einem Facharzt für Psychiatrie, 1925 entwickelte Verfahren nutzt dabei die Autosuggestion, um den menschlichen Körper in einen entspannten Zustand zu bringen. Unter Autosuggestion versteht man die mentale Programmierung des Unterbewusstseins, indem Redewendungen immer wiederholt werden. Würdest du deinem Kind jeden Tag sagen, wie wunderbar es malen kann, wird es diesen Satz verinnerlichen und ein starkes Selbstbewusstsein in diesem Bereich aufbauen. Im negativen Fall könnte man ein Kind dazu bringen, dass es sich beispielsweise ein Leben lang zu dick findet, wenn man ihm dies in seiner Kindheit einreden würde. In diesem Ratgeber sollst du die Autosuggestion allerdings nutzen, um positive Effekte zu erzielen. Die Worte, die dir durch einen Lehrer, beispielsweise in der Volkshochschule, oder durch eine aufgenommene Stimme auf einem digitalen Medium vorgesprochen werden, wandelst du in Gedanken um, die sich auf dein Nervensystem und deine Muskeln auswirken. Mit dem autogenen Training können unter anderem Kopfschmerzen behandelt werden, da eine gezielte Entspannung Schmerzen lindern kann. Für das Erlernen dieser Methode möchte ich dir einen Trainer, auch als Online-Anleitung, ans Herz legen, um die wichtigsten Schritte kennenzulernen. Sobald du mit dem autogenen Training vertraut bist, kannst du deine eigenen Sätze und Gedanken kreieren.

Kleine Übung zur Selbstfürsorge

Um sich in einem vollgestopften Mama-Alltag entspannen zu können, ist es ratsam, Körper und Geist herunterzufahren. Deshalb solltest du dir eine angenehme Position suchen, sowohl im Liegen als auch im Sitzen, und zur Ruhe kommen. Atme zuerst ein paar Mal tief ein und aus und dann sprich oder denke dir folgenden Satz: „Ich bin ganz ruhig." Versuche dich zu entspannen und formuliere diesen Satz immer wieder. Je mehr du diesen Gedanken fühlst, umso leichter kannst du zur Ruhe kommen. Stell dir gern einen Ort oder eine Situation vor, an der du völlig ungestört bist, zum Beispiel an einem einsamen Strand oder auf einem Moosbett im Wald. Sobald du wirklich ruhig bist, kannst du mit der gezielten Muskelentspannung beginnen. Hierbei stellst du dir vor, wie nacheinander alle Körperteile schwer werden. Die Liegeposition eignet sich am besten. Falls du sitzt, brauchen deine Arme einen Widerstand, beispielsweise einen Tisch oder Stuhl- bzw. Sessellehnen. Beginne nun am besten mit deinem bevorzugten Arm. Bist du Rechtshänder dann verinnerliche dir den Satz: „Mein rechter Arm wird ganz schwer." Sobald du das Gefühl hast, dass dieser Arm mit seinem ganzen Gewicht auf die Unterlage drückt, wechselst du zum linken Arm mit der Vorstellung: „Mein linker Arm wird ganz schwer." Nun wiederholst du dies für deine Beine, deinen Po, den Oberkörper und den Kopf. Selbstverständlich kannst du auch differenzierter vorgehen und Arme und Hände bzw. Beine und Füße oder aber auch Rücken und Bauch getrennt voneinander schwer werden lassen. Es ist durchaus möglich, dass du einschläfst. Das ist sogar gut, denn so kannst du deinen Übungserfolg, die vollkommene Entspannung, sehen. Nach dem Übungsende solltest du wieder bewusst in die Realität eintreten. Das funktioniert auch mit einem Satz: „Augen auf und herzlich willkommen in der Realität."

Zum autogenen Training zählen noch weitere Techniken, die du dir aneignen kannst, falls dir diese Methode der Entschleunigung gefällt. Auch hier solltest du regelmäßig üben, um Routine zu erreichen, die dir in Stresssituationen eine schnelle Entspannung ermöglichen kann, denn im Notfall reichen die verinnerlichten Sätze bereits zum Gelassen bleiben. Solche „Mantras" kannst du auch außerhalb des autogenen Trainings verwenden und dir zum Beispiel bei Selbstzweifeln einreden, dass du eine gute Mama bist. Nach und nach werden deine Zweifel verschwinden und du kannst gestärkt in die Zukunft blicken. Das autogene Training kann dich auch unterstützen, wenn du Schwierigkeiten beim Einschlafen hast. Einen langen und oft anstrengenden Tag kann nicht jede Mama einfach so beiseitelegen. Dann hilft das gezielte Herunterfahren, ähnlich wie bei einem Computer. Schließe zunächst alle Programme durch tiefes Ein- und Ausatmen und versuche dann mithilfe des autogenen Trainings in den Entspannungszustand zu gelangen. Mit den Worten: „Ich schlafe tief und entspannt." kannst du dich ins Schlummerland begeben.

Mit Yoga Körper und Geist in Einklang bringen

Viele Menschen schwören auf eine weitere Entspannungsmethode – das oder der Yoga. Diese indische Kunst wird seit mehr als 2000 Jahren ausgeübt. Das Wort Yoga kann man mit Einheit und Harmonie übersetzen und meint dabei die Einheit von Körper und Geist. Doch Yoga bedeutet noch viel mehr. Mit dieser Methode kannst du das Bewusstsein für deinen Körper entwickeln, indem du verschiedene Atemtechniken und Körperübungen erlernst. Es geht beim Yoga allerdings auch um das gute Miteinander, positive Verhaltensregeln und ein moralisch hochwertiges Leben, beispielsweise durch Wertschätzung anderer Menschen und der Natur. Das sogenannte Hatha-Yoga, eine spezielle Variante des Yoga, ist vor allem für Anfänger geeignet. Es verkörpert leichte Körperübungen (Asanas) und ruhige Atemtechniken, die für alle Bevölkerungsgruppen gleichermaßen angewendet werden können. Sobald die Kinder etwas größer werden, lassen auch sie sich schnell für Yoga begeistern. Das liegt vor allem an den Namen der einzelnen Übungen, die oftmals an Tiere erinnern. Spezielle Literatur und digitale Medien sind auch für die Kleinen erhältlich. Vielleicht hast du auch schon von Yoga-Einheiten für Schwangere gehört. Es ist also wirklich möglich, in jeder Lebenslage Yoga zu praktizieren. Um Yoga richtig zu erlernen, solltest du einen echten Yoga-Lehrer aufsuchen, denn vor allem die Asanas (Körperübungen) verlangen nach der korrekten Ausführung, um das gewünschte Ergebnis zu erzielen. Es ist durchaus möglich, dass du durch die falsche Haltung bei einer Übung genau das Gegenteil erreichst und dich möglicherweise sogar verletzt.

Kleine Übung zur Achtsamkeit

Mit Yoga wird auch immer der sogenannte Lotussitz in Verbindung gebracht. Diese Grundhaltung wird vor allem am Anfang eines Yoga-Trainings ausgeführt, um zur Ruhe zu gelangen. Du kannst diese Haltung auch einnehmen, ohne eine komplette Yoga-Stunde zu absolvieren. Der Lotussitz bewirkt das Nahesein an Mutter Erde und wird demnach als Verwurzelung bezeichnet. Sollte dir diese Haltung über eine Zeit von etwa 15 Minuten nicht mühelos gelingen, eignet sich auch der Schneidersitz, gern auch auf einem flachen, aber festen Kissen (Yoga-Kissen) oder das Sitzen auf einem Stuhl, wobei Ober- und Unterschenkel einen 90°-Winkel aufweisen sollen, dein Rücken nicht angelehnt sein darf und der komplette Kontakt deiner Füße mit dem Boden gegeben sein muss (Verwurzelung über die Füße). Bei allen Sitzhaltungen solltest du auf einen geraden, aber nicht überstreckten Rücken achten. Die Hände liegen locker auf den Knien. Nun folgt das Sitzen in Reglosigkeit und dich umgebener Stille. Atme wieder entspannt ein und aus und fühle die Ruhe anstelle deines hektischen Alltags. Nimm wieder alles bewusst, aber ohne Bewertung wahr.

Bereits diese kleine Übung zeigt, wie schwierig die Umsetzung der richtigen Sitzhaltung ist. Ein Yoga-Lehrer kann dir viel anschaulicher erklären, welche Muskeln du beim Sitzen anspannen sollst, beispielsweise deinen Beckenbodenmuskel, und wie du deinen Rücken darauf aufbauend ausrichten sollst. Bereits kleine Abweichungen der Wirbelsäule können

Schmerzen verursachen und die Freude am Yoga schnell vermiesen. Alle weiteren Körperübungen verlangen natürlich auch nach der richtigen Ausführung, die du am leichtesten in einem Kurs erlernen kannst. Hier wird dir mit Sicherheit auch der Sonnengruß gezeigt, mit dem du in einen neuen Tag starten kannst. Dieser soll dich diesmal nicht entspannen, sondern deinen Kreislauf ankurbeln. Er besteht aus einer Abfolge verschiedener Haltungen, die belebend wirken. Jede Körperübung hat eine ganz besondere Wirkung auf den menschlichen Körper, sodass neben der Entspannung auch gezielt bestimmte Muskeln, Gelenke und Organe angesprochen werden. Dies hilft dir im alltäglichen Leben wunderbar, vor allem, wenn du keine Zeit für weitere sportliche Aktivitäten hast. Auch wenn am Anfang etwas mehr Training erforderlich ist, um Yoga richtig zu erlernen und später zu Hause praktizieren zu können, bietet diese Methode das am besten auf alle Lebenslagen abgestimmte Programm zur Erfrischung sowie Entspannung von Körper und Seele.

Kleine Übung zur Achtsamkeit

Im Kapitel „Mit Meditation Achtsamkeit und Selbstfürsorge üben" findest du eine „Baum-Übung", die du mit dieser gut kombinieren kannst. Die

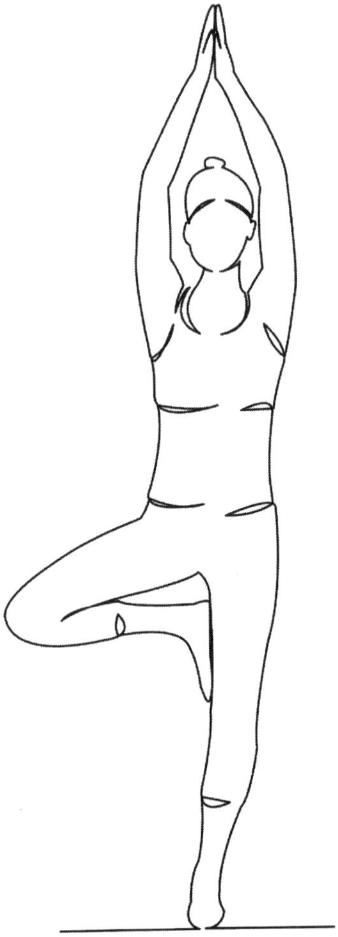

passende Yoga-Übung heißt Vrikshasana, die Baumhaltung. Stell dir also wieder die Baumwurzeln vor, die deinen Füßen Stabilität geben. Nun legst du die Hände vor der Brust aneinander und stellst einen Fuß leicht schräg auf den anderen. Sobald du ruhig atmest und die tiefe Verwurzelung spürst, kannst du den oben liegenden Fuß so weit hinaufbewegen, dass du ihn gegen den anderen Oberschenkel drücken kannst. Versuche Stabilität aufzubauen, damit du nicht schwankst. Durch Fixierung eines Punktes kannst du diese leichter erreichen. Danach hebst du die aneinander gedrückten Hände über deinen Kopf und verweilst so. Durch die Konzentration auf dein Gleichgewicht wird sich dein Geist beruhigen. Nebenbei werden dein Gleichgewichtssinn geschult, deine Standfestigkeit und Ausdauer verbessert sowie die Muskeln der Beine und Füße gestärkt. Und im übertragenen Sinn stehst du dann auch sicher und fest verwurzelt im Leben.

Kleiner Mutmacher

Yoga ist eine Kunst, die man nicht so schnell erlernen kann, will man sie richtig ausführen. Einzelne Bereiche kannst du allerdings gut im Alltag mit einem Kind umsetzen. Die gerade beschriebene Übung ist so eine. Teste sie in abgewandelter Weise doch einfach mal mit deinem kleinen Liebling. Bereits ab etwa 1 ½ Jahren kannst du das ausprobieren. Bei mir heißt das Spiel „Wohnzimmerpflanze sein". Besonders wenn Kinder unruhig und aufgedreht sind, ist dies eine Möglichkeit, sie etwas zu erden und zur Ruhe kommen zu lassen. Setze dich mit deinem Kind auf den Boden, beispielsweise im Schneidersitz. Nun soll dein Kleines die Arme wie bei einer Pflanze in die Luft halten. Gekrümmte oder leicht angewinkelte Arme entsprechen dabei eher der Natur als waagerecht ausgestreckte Arme. Der Kopf kann durchaus leicht geneigt sein oder nach oben schauen. Das Wichtigste aber ist, dass die Pflanze nicht spricht und sich im Wohnzimmer auch nicht bewegt, es sei denn das Fenster ist offen und ein deutliches Lüftchen zieht durch den Raum. Im Idealfall ist es aber ruhig und das Kind muss, solange wie möglich, die Pflanze nachahmen, also weder sprechen, noch zappeln. Wenn du dann noch einen kleinen „Wettbewerb" daraus machst und eine Belohnung für ein paar Minuten „Wohnzimmerpflanze sein" aussprichst, kann sich das für euer beider Beruhigung schnell auszahlen.

Welche Möglichkeiten zur Entspannung und Entschleunigung gibt es außer Haus?

Auch außerhalb deines Zuhauses bieten sich zahlreiche Gelegenheiten, Ausgleich in einen Mama-Alltag zu bringen, um an der frischen Luft neue Energie zu tanken. Die einfachste Methode ist selbstverständlich das Spazieren gehen. Da du mit deinem Kleinen regelmäßig vor die Tür gehen sollst, um sein Immunsystem zu stärken, kannst du diese Zeit natürlich auch für dich nutzen. Bereits in den 1950er Jahren haben Wissenschaftler der Londoner Doppeldecker-Studie festgestellt, dass sich Bewegung positiv auf das Herz-Kreislauf-System auswirkt. Mittlerweile wurde in weiteren Studien nachgewiesen, dass Spazierengehen weitere gesundheitsfördernde Aspekte aufweist. Unter anderem werden an der frischen Luft durch die Bewegung Glückshormone freigesetzt, die sogar Depressionen lindern können, und das Immunsystem wird gestärkt. Durch das gemächliche, aber auch zügige Laufen werden Muskulatur und Rücken trainiert, was sich beim regelmäßigen Tragen und Hochheben von Kindern positiv auswirken kann. Vielleicht hast du den Effekt von Aktivität bei einem hohen Stresslevel schon erfahren. Der Körper kann durch die aktive Bewegung die Stresshormone abbauen und die vorherige Anspannung flaut langsam ab. Deshalb möchten viele Menschen im Moment des größten Stresses am liebsten auf etwas einschlagen (z. B. ein Kissen), herumwerfen (bitte nicht Geschirr) oder anderweitig ihre Wut loswerden. Solltest du kurz vor der Explosion stehen, dann schnür schnell deine Schuhe, schnapp dir dein Kind und geht zusammen spazieren, joggen oder turnt auf dem Spielplatz! Die frische Luft sorgt zusätzlich für einen freien Kopf.

Kleiner Mutmacher

Viele Mamas klagen am Abend einerseits über fehlende Kräfte, aber andererseits über Schwierigkeiten beim Einschlafen, weil sie einfach nicht abschalten können. Und natürlich ist es nicht immer leicht, sich zum Meditieren, autogenen Training oder Yoga aufzuraffen, vor allem dann, wenn dein kleiner Liebling so gar nicht zur Ruhe kommen will. Hier hilft ein Spaziergang wahre Wunder! Am besten ziehst du unter deine Klamotten bereits deinen Schlafanzug oder ein Nachthemd an, wäscht dich, putzt deine Zähne und machst dich sozusagen bettfertig. Falls dein Baby/Kind noch nicht im Schlafgewand ist, ziehst du ihm ebenfalls alles für die Nacht an und legst dein Kleines in den Kinderwagen oder Buggy. Auch wenn dich die Füße kaum noch tragen, wirst du an der frischen Luft sofort eine Besserung spüren. Atme auch beim Gehen tief ein und aus. Im Idealfall entspannst du dich langsam und kannst allen Ballast des Tages abwerfen. Sollte dir das Abschalten dennoch Schwierigkeiten bereiten, so wirfst du jeglichen Stress imaginär in die nächste Mülltonne, die du siehst, oder auf einen Kompost. Alternativ kannst du die Ereignisse des Tages in einem Luftballon gen Himmel schicken. Die wunderbaren Erinnerungen und Ereignisse solltest du jedoch aufbewahren, und zwar in deinem Herzen. Sie sind ganz leicht und lassen sich überallhin mitnehmen. Für diesen Abendspaziergang brauchst du nicht wirklich weit zu gehen. Sobald dein Kleines durch das Schaukeln und die frische Luft eingeschlafen ist und du herunterfahren konntest, ist Zeit für den Heimweg. Die körperliche Betätigung vor der Nacht macht nachweislich müde und kann dir so beim Einschlafen helfen.

Eine weitere gesundheitsfördernde und entspannende Wirkung kann das Waldbaden erzielen. Früher ging man einfach in den Wald, um sich zu erholen. Heute haben verschiedene Studien und Forschungen wissenschaftlich belegt, dass der Wald sich äußerst günstig auf die menschliche Gesundheit auswirkt. Die Japaner gingen so weit, einen neuen Begriff dafür einzuführen – das Waldbaden. Bei ihnen wird diese Therapie sogar auf Rezept vom Arzt verschrieben. Warum das so ist, hat Peter Wohlleben in seinen zahlreichen Büchern zum Thema Wald beschrieben. Ein Spaziergang unter Bäumen, dazu zählen auch Alleen, Parks und Gärten, regt unsere Sinne an. Denk nur an die intensiven Gerüche, die dich empfangen, wenn du ein paar Schritte in den Wald gesetzt hast oder die Kühle, die im Sommer deine Haut berührt. Es kommt allerdings noch viel besser. Verschiedene Bäume sondern Substanzen ab, die auch dein Immunsystem stärken können. Kiefern beispielsweise geben Phytonzide an ihre Umwelt ab, die einem Antibiotikum gleichen und von der auch ein Waldspaziergänger profitieren kann. Die Luft im Wald ist oft sehr rein und für Allergiker besonders geeignet, da viele Bäume Pilzsporen noch vor der Ansiedlung bekämpfen und diese nicht zum Zuge kommen lassen.

Kleiner Mutmacher

Natürlich hat nicht jeder einen Wald hinter dem Haus, aber irgendwo in der Nähe findet sich mit Sicherheit ein kleines Waldstück, dass du auch per Fahrrad, Bus oder Auto erreichen kannst. Sobald du ausreichend Zeit für diesen Ausflug hast, solltest du einen Versuch starten und die besondere Umgebung für dich entdecken. Dein kleiner Liebling wird begeistert sein, auch wenn ihr bisher noch nicht im Wald wart. Je älter Kinder sind, umso mehr können sie mit allen Sinnen das wunderbare Feeling in einem Wald entdecken. Daneben gibt es noch ausreichend Möglichkeiten, die Motorik zu entwickeln, egal ob durch das ungewohnte Laufen auf unebenem Waldboden sowie das Balancieren oder Springen über umgestürzte Bäume oder Wurzeln. Der Wald bietet auch ausreichend Material, dass dein Kind mit nach Hause nehmen kann, um später etwas daraus basteln oder damit spielen zu können. Stöcke und Tannenzapfen sind vor allem bei Jungs sehr beliebt. Manchmal reicht die Erinnerung an den Waldausflug, hervorgerufen durch die Sammelstücke, um die beruhigende Atmosphäre des Waldes innerlich spüren zu können.

Zum Abschalten vom Mama-Alltag eignen sich natürlich auch ein Kinoabend oder ein Essen mit deinem Partner, ein Treffen mit der besten Freundin, ein Wellness-Wochenende, ein Kurs bei der Volkshochschule oder ein kinderfreier Tag. Such dir zum Entspannen einfach deine Lieblingsunternehmungen aus! Schon die Allerkleinsten können bereits ein, zwei Stunden ohne Mama auskommen, wenn sie von jemand anderem liebevoll betreut werden. Natürlich kannst du nicht ständig auf Tour gehen, aber sich regelmäßig eine kleine Auszeit zu gönnen, bringt deiner Psyche sehr viel. Allein die Vorfreude kann Glücksmomente auslösen, die den Alltag versüßen können. Und falls dies für dich machbar ist, solltest du die Zeit möglichst ohne das ständige Schauen auf dein Smartphone verbringen. Mit deinem Babysitter könntest du vereinbaren, dass du nur in dringenden Fällen telefonisch zu erreichen bist.

Wie kannst du Entspannung im Mama-Alltag unterbringen?

Die gerade beschriebenen kleinen Auszeiten, für die du auf eine Betreuungsperson zurückgreifen musst, gehören zu den Pausen, die gezielt eingeplant werden müssen. Dies bringt den Vorteil, dass es selten zu Veränderungen kommt. Wenn dein Kleines möglicherweise krank wird, dann wirst du den Termin absagen müssen, aber ansonsten wirst du diese Pause nutzen und nicht einfach über Bord werfen, weil dafür eine genaue Planung und Organisation nötig war. Ein selbst gesetztes Ziel, beispielsweise am Abend noch eine kleine Übung zur Selbstfürsorge auszuführen, wird hingegen mit ein paar Ausreden viel schneller ad acta gelegt oder auf den nächsten Tag verschoben. Das kannst du an dem ein oder anderen stressigen Tagen gern so handhaben, aber vergiss bitte nicht, immer wieder bewusst Pausen einzulegen, um neue Kraft tanken zu können. Falls du das Gefühl hast, deine kleinen Auszeiten daheim nimmst du immer seltener wahr, dann solltest du dir notieren (z. B. im Alltagstagebuch), wann und wie lange du Pausen eingelegt hast. Um als Mama nicht auf Dauer unter die Räder zu kommen, sind freie Minuten einfach unendlich wichtig. Ob du diese dann für ein Nickerchen, ein paar Seiten in einem Buch oder zur Ausübung kleiner Übungen verwendest, spielt keine Rolle. Und falls du im Sog des Alltags immer wieder vergisst, auszuruhen, dann wäre es hilfreich, mit dir einen Termin zu vereinbaren. Auch diesen könntest du im Alltagstagebuch notieren. Lege die Auszeit möglichst täglich zur etwa gleichen Uhrzeit, dann kannst du sie irgendwann nicht mehr vergessen.

Viele Mamas stellen sich natürlich die Frage, wo Zeiten für Pausen herkommen sollen. In einem vollen Alltag mit Baby und/oder Kind finden sich selten Freiräume. Hier solltest du einfach kreativ sein und die bereits beschriebene Unperfektion nutzen. Als stillende Mama kommen alle Stillzeiten als Pause infrage. Du kannst dabei bewusst entspannen, eine Übung zur Achtsamkeit machen, in aller Ruhe ein Hörbuch genießen oder einfach nur tief ein- und ausatmen. Bei einem Kind, das gerade aus der Kita kommt, würde sich ein gezieltes Runterkommen vom Alltag anbieten, das ihr zusammen ausführen könnt. Denk nur an die „Wohnzimmerpflanze" oder überleg dir ein eigenes Ritual. Du könntest dich beispielsweise mit deinem kleinen Liebling zum Kuscheln aufs Sofa legen. Oder ihr setzt euch in den Schneidersitz, atmet ein paar Mal tief ein und aus und erzählt euch dann ein wenig vom Tag. Kinder entspannen auch gern bei Geschichten. Diese musst du gar nicht vorlesen, sondern könntest eine CD einlegen. Wenn du aufmerksam durch deinen Mama-Alltag gehst, wirst du Zeiten finden, an denen sich Pausen einlegen lassen. Du musst sie nur nutzen und keine Ausrede finden, weil möglicherweise noch so viele Dinge zu erledigen sind. Nach einer Pause hast du meist mehr Energie und holst damit die Entspannungszeit im Nu wieder rein.

Während sich die meisten Pausen aus dem Tagesablauf ergeben oder konkret als freie Zeit organisiert wurden, kommen manche Pausen auch völlig unverhofft. Mitunter wird ein Arzttermin von der Praxis abgesagt oder die Eltern-Gruppe fällt aus. Diese „Fehlzeiten" bringen die meisten Menschen erstmal aus dem Tritt. Klar, einerseits man freut sich, aber andererseits stellt sich nun die Frage, was man mit diesen unverhofften freien Minuten und Stunden anfängt, denn einfach nur „rumhängen" traut sich kaum jemand und erst recht keine Mama. Um auf solche Situationen vorbereitet zu sein, könntest du dir ab und zu Ideen zurechtlegen und diese auch aufschreiben. Während wahrscheinlich mindestens die Hälfte aller Mütter diese Zeit für Arbeiten aufwenden würde, die schon lange anstehen (z. B. Fenster putzen), solltest du den größten Teil der unverhofften Pause für dich und dein Wohlbefinden nutzen. Heiße die Pause in deinem Alltag herzlich willkommen, gehe deinen Lieblingsbeschäftigungen nach und genieße diese freie Zeit! Auch wenn dein Kleines gerade zu Hause ist, könnt ihr zusammen einen schönen Vor- oder Nachmittag erleben, ganz ohne Stress und Verpflichtungen. Versuche dabei das Gefühl der Freiheit, also das augenblickliche Leben ohne Druck, bewusst zu spüren und als Energiereserve in dir aufzunehmen.

Gelassen bleiben mit einem Baby

Was bedeutet der Alltag mit einem Baby?

Das erste Babyjahr ist wahrscheinlich für dich das aufregendste Jahr in der Entwicklung deines Kindes. Nach der Geburt verändert sich der Alltag für die frischgebackenen Eltern und natürlich stellt so ein kleiner Wonneproppen das Leben einer Frau auf den Kopf. Die vielen neuen Eindrücke und Erfahrungen muss jede junge Mama erst einmal verarbeiten. Der bisher bekannte Alltag muss neu organisiert werden, wobei nicht alles sofort klappen kann. Nach und nach wird sich eine gut funktionierende Struktur durchsetzen, die für die Mama eine kleine Verschnaufpause bedeutet. Doch nach kurzer Zeit hat sich das Kleine bereits wieder weiterentwickelt und der Alltag wird Änderungen unterworfen sein. Während ein sechs Wochen altes Baby noch etwa 15 – 16 Stunden schläft, benötigen die zehn Monate alten Babys nur noch 12 – 13 Stunden Schlaf, der sich nun auch anders verteilt. Für ein Baby gibt es nach der Geburt noch keine Möglichkeit, den Tag von der Nacht zu unterscheiden. Dieser Rhythmus wird sich erst entwickeln. Ab etwa sechs Monaten sollten die Kleinsten an eine oder zwei tägliche Schlafpausen, die 90 Minuten nicht überschreiten sollten, gewöhnt sein. Allein diese Herausforderung zu bewältigen, verlangt immer wieder nach einem sich anpassenden Alltag. Und wenn dich ein Tag mal wieder völlig an den Rand der Verzweiflung bringt, lässt du natürlich auch eine Mittagspause deines Babys gern etwas länger ausfallen als die anvisierten 90 Minuten. Das kann allerdings einen langen Abend nach sich ziehen und bringt die bereits gemachten

Fortschritte zur Tagesroutine durcheinander. Dieses Dilemma für eine Mama befriedigend zu lösen, ist keine leichte Aufgabe.

Kleiner Mutmacher

Viele andere Mütter vor dir haben die gleichen Probleme gehabt und wahrscheinlich sind auch viele am Ende ihrer Nerven gewesen. Obwohl es kein Patentrezept für solche Situationen gibt, sind nahezu strikt eingehaltene Routinen der erfahrungsgemäß beste Weg für eine junge Mama. Du musst dich nicht hundertprozentig an den Fahrplan halten, aber eine gute Alltagsstruktur hilft den Allerkleinsten, sich in dieser Welt einzuleben. Mit regelmäßigen Rhythmen wie Tag und Nacht, Alltags-Woche und Wochenende, Monate und Jahreszeiten erhalten Kinder einen Anker, der die Beziehung zwischen Mensch und Natur darstellt. Schwimmen wir also auf der naturgegebenen Welle mit, fällt uns das Leben leichter. Eine Krankenschwester beispielsweise arbeitet immer wieder entgegen dieser Rhythmen, wenn sie mal nachts, mal morgens und mal nachmittags Dienst hat. Auf Dauer kann dies zu gesundheitlichen Problemen führen. Deshalb ist es wichtig, dass du deinem kleinen Liebling einen regelmäßigen Tagesablauf anbietest. Es werden sich Gewohnheiten ausbilden, die mit weniger Kraftaufwand verbunden sind.

Kleine Übung zur Achtsamkeit

Der bekannteste Rhythmus auf der Welt ist das Atmen. Die Wiederholung vom Ein- und Ausatmen ist ein regelmäßiger Rhythmus, ohne den es kein Leben für uns Menschen geben würde. Achte einmal auf deinen normalen Atem, ohne besonders gezielt zu atmen. Beobachte dabei die Länge und die Tiefe, ob du nur in den Brustbereich oder bis in das Zwerchfell im Bauch atmest. Wahrscheinlich wirst du feststellen, dass nicht jeder Atemzug dem vorangegangen gleicht. Und das ist auch gar nicht so gewollt. Die kleinen im Alltag untergehenden Abweichungen von Tiefe und Länge ermöglichen eine Elastizität, die das Gegenteil von Starrheit ist. Diese Metapher kannst du auf deinen Alltag übertragen. Auch im Rhythmus des Tages dürfen sich durchaus kleine Abweichungen um ein Mittelmaß ergeben, denn Perfektion ist schließlich nicht das Maß des Lebens. Regelmäßigkeiten und Gewohnheiten dagegen fördern Gelassenheit und können Stress abbauen.

Ein weiterer Punkt in der Phase nach der Geburt bis in das Alter von etwa fünf bis sechs Monaten ist das intensive Füttern. Babys verlangen nach etwa sechs bis acht Mahlzeiten am Tag, für die du dir viel Zeit nehmen solltest, egal ob du stillst oder ein Fläschchen gibst. Die Momente zur Nahrungsaufnahme nähren das Kleine in vielerlei Hinsicht. In dieser Zeit kommen sich Mama und Baby so nah, dass die Bindung zwischen ihnen gestärkt werden kann. Das Stillen setzt Oxytocin, ein Glückshormon frei. Der Geruch der Muttermilch wird von deinem Baby mit Geborgenheit in Verbindung gebracht. Auch wenn du nicht stillen kannst oder möchtest, sorgt die unmittelbare Nähe für Entspannung bei deinem kleinen Liebling. In einer Welt voll von aufregendem Neuland, wie lauten Geräusche oder unnatürlichen Lichtern, sorgt die Mahlzeit dicht am Körper der Mama für Wohlbehagen und Sicherheit. Liebevolle Worte, Augenkontakt und Streicheln während des Stillens oder Fläschchengebens tragen ebenfalls zu einer intensiven Bindung bei. Diese Zeit in einen neuen Alltag zu integrieren, macht den frischgebackenen Müttern am meisten Freude. Deshalb solltest du diese Momente genießen. Sie gehen leider viel zu schnell vorbei.

Um reichlich und hochwertige Muttermilch produzieren zu können, ist es ebenfalls wichtig, in diesen ersten Wochen und Monaten für dich selbst zu sorgen.

Kleine Übung zur Selbstfürsorge

Eine weitere Möglichkeit, die mütterliche Bindung zu stärken und trotzdem etwas für dich zu tun, ist die Babymassage. Dazu eignen sich Zeiten, in denen das Kleine satt ist. Du benötigst ein Handtuch, ein gutes Babyöl, einen warmen Raum und Entspannungsmusik. Lege das Handtuch auf den Boden (wenn es zu kalt ist, hilft eine Decke darunter), auf das Sofa oder das Bett, sodass du bequem sitzen kannst. Strecke die Beine so aus, dass du dein Baby dazwischen legen kannst. Wenn es dir und dem Kleinen angenehm ist, kannst du es auch auf die geschlossenen Beine legen. Bei dieser Methode müssen deine Beine allerdings unbekleidet sein, da das Öl sonst die Kleidung verschmutzt. Die Berührung eurer Haut ist sehr zu empfehlen. Hierbei kannst du auch die Beine leicht anwinkeln, um deinen Liebling besser anschauen zu können. Bevor du mit den Streicheleinheiten beginnst, tropfe ein wenig Babyöl auf deine Hand und verreibe es in den Handflächen, um es anzuwärmen. Und nun könnt ihr Zwei mit allen Sinnen genießen! Viele Babyöle haben einen angenehmen Geruch, beispielsweise von Calendula oder Mandeln. Die leichten Streichbewegungen solltest du intensiv fühlen, weil sie auch dir guttun! Lausche auf die Musik, sprich leise und beruhigend mit deinem kleinen Liebling, wenn du magst, und lass all deine Liebe durch deine Hände strömen. Dieses Gefühl des Gebens fließt zu dir als pures Glück und Zufriedenheit zurück. Sollte das Baby sich nicht auf die Massage einlassen und weinen oder unruhig werden, dann versuch es ein anderes Mal.

Im Laufe des ersten Lebensjahres macht dein Kleines eine erstaunliche Entwicklung durch. Während es nach der Geburt noch völlig hilflos ist, lernt es nach und nach zu greifen, zu spielen, zu krabbeln, zu rollen, sich hinzusetzen, sich hochzuziehen, an Mamas Händen zu laufen und vielleicht sogar schon allein zu laufen. In dieser Zeit entwickelt sich auch die Sprache. Ein erstes Glucksen, an Singen erinnernde Geräusche und witzige Silbenkombinationen bis irgendwann ein deutliches „Mama" und „Papa" zu hören sind, zeigen die sprachlichen Fortschritte. Während du über dein Baby und seine neueste Entwicklung staunst, wird sich dein Alltag immer wieder ändern. Sobald das Kleine nämlich flügge wird, sind die ruhigen Zeiten des Anfangs vorbei. Diese Veränderung kann dich zunächst stressen, denn dein kleiner Liebling kann wirklich schnell sein und auf einmal ist er nicht mehr zu sehen. Aber keine Sorge, auch dieser Zeitabschnitt erfordert nur etwas Umstrukturierung in Alltagsangelegenheiten, ein gewisses Maß an Unperfektion und deine innere Stärke.

Übungen und Anregungen

Sobald ein Baby geboren wurde, stürzt sich die frischgebackene Mama in ein Abenteuer, dass sie bestmöglich bestehen möchte. Vielleicht möchtest auch du alles für deinen kleinen Wonnenproppen tun, ohne Wenn und Aber. Das darfst du durchaus, allerdings nur dann, wenn du das gleiche für dich selbst beanspruchst. Ich möchte dir aus diesem Grund empfehlen, sich bietende Pausen zu nutzen, beispielsweise um das Schöne im Leben genau zu betrachten und für die Zukunft aufzubewahren.

Kleine Anregung zur Selbstfürsorge

Viele Mamas behalten die erste Zeit mit ihrem Nachwuchs als die schönste Zeit in Erinnerung. Das Hineinwachsen in die neue Mutterrolle geht mit vielen Eindrücken einher, die du in deinem Herzen abspeichern solltest. Die intensiven Momente zwischen dir und deinem Baby können dir in stressigen Situationen helfen. Nutze dazu beispielsweise eine tägliche Mini-Pause, die folgendermaßen aussehen könnte. Suche dir eine täglich wiederkehrende Zeit, in der du etwa fünf Minuten abzweigen kannst, um ein Tagebuch zu führen. Das kann während des Frühstücks sein, am Nachmittag oder auch kurz vor dem Zubettgehen. Schreibe drei schöne Ereignisse oder Emotionen auf, die du im Laufe des Tages erlebt bzw. gefühlt hast. Das können auch Kleinigkeiten sein. Und nun spüre selbst, wie sich Glückshormone durch deinen Körper bewegen. Vielleicht schleicht sich ein Lächeln auf deine Lippen oder dir wird ganz warm ums Herz. Diese positiven Impulse können sich nachhaltig in deinem Unterbewusstsein festsetzen, sodass du auch in schwierigen Situationen optimistisch bleiben und mehr Ruhe in das Finden einer Lösung bringen kannst. Im Kapitel „Autogenes Training verleiht tiefe Entspannung" habe ich bereits von der Autosuggestion geschrieben. Dieses Prinzip wirkt hier ähnlich, nur dass du keine konkreten Sätze verinnerlichst, sondern ein Gefühl. Für diese Übung zur Selbstfürsorge gibt es bereits fertige Hefte oder Bücher, in du dein positives Feedback eintragen kannst. Natürlich kannst du auch ein eigenes Tagebuch gestalten, welches mit Anekdoten, Fotos oder später Malereien deines Kindes verschönert werden kann.

Kleine Anregung zur Selbstfürsorge

Eine weitere Übung für junge Mamas, die dir im Alltag sehr bald helfen kann und deine Kräfte schont, ist das Antrainieren eines spezifischen Tag-Nacht-Rhythmus. Warum dies Vorteile bringt, konntest du bereits lesen („Was bedeutet der Alltag mit einem Baby"). Wenn dein Baby morgens wach wird oder du es selbst weckst, dann könntest du mit einem speziellen Morgenritual den Tag beginnen. Möglich wäre beispielsweise das Wachkitzeln, ein Fingerspiel oder ein Reim.

Reim:

Es war einmal ein Floh, der hüpft herum so froh
(mit den Fingern auf dem Baby herumhüpfen).

Und weil er dich so mag, sagt er dir „Guten Tag"
(dem Baby die Hand schütteln).

Fingerspiel:

Steigt ein Büblein auf den Baum
(mit den Fingern einen Babyarm hinauflaufen),

hoch so hoch, man glaubt es kaum
(mit den Fingern weiterlaufen),

hüpft von Ast zu Ästchen
(mit den Fingern über den Kopf hüpfen),

guckt ins Vogelnestchen
(mit den Fingern vor den Augen herumzappeln).

Ui, da lacht es (am Bauch kitzeln).

Ei, da kracht es. Schon liegt's auf dem Boden
(mit sicherem Griff leicht plumpsen lassen).

Muntermacher-Spiele sollten ab sofort nur noch für die Zeit nach dem Aufwachen zum Einsatz kommen, damit das Kleine eine Verbindung zum Morgen aufbauen kann. Andere Reime sind natürlich jederzeit machbar. Ein Ritual sollte immer aus den gleichen Bausteinen und derselben Reihenfolge bestehen, damit es sich beim Baby gut einprägen kann. Für den Abend sind ruhige Basics, wie ein Schlaflied oder die Spieluhr, vorteilhaft, um das Kleine zur Ruhe zu bringen. Auch eine kleine Massage zur Entspannung oder ein warmes Bad mit Lavendelöl hilft dem Baby abzuschalten. Möchtest du den Tagesablauf noch detaillierter auf den Tag-Nacht-Rhythmus einstellen, könntest du den Vormittag anders gestalten als den Nachmittag. Möglich wäre hier ein täglicher Spaziergang nach dem Mittagessen oder eine ausgedehnte Kuschelrunde am Nachmittag. Für den Vormittag würden sich dann Termine beim Arzt, das Einkaufen im Supermarkt oder Hausarbeit eignen, also alles das, was Geschäftigkeit mit sich bringt.

Kleine Übung zur Achtsamkeit

Gerade die Zeit nach der Geburt, in die auch die Wochenbett-Gymnastik fällt, bietet sich zum Erlernen einer in diesem Ratgeber beschriebenen Entspannungstechniken an. Du hast trotz Alltag mit einem Baby jetzt noch die meiste freie Zeit, bis dein kleiner Wonneproppen in die Kita kommt. Während das Kleine schläft, kannst du prima Yoga, Meditation und autogenes Training erlernen und vertiefen. Meine Übung kann keiner dieser Methoden zugeordnet werden, dafür brauchst du aber auch keinen Lehrer. Begib dich in die gleiche Haltung wie dein Kleines, wenn es schläft, und schließe die Augen. Begib dich jetzt auf eine Fantasiereise und stell dir vor, du bist das Baby. Du wirst geliebt und behütet, genährt und mit allen Dingen versorgt, die du brauchst. Sobald du ein neues Bedürfnis anmeldest, wird sich jemand liebevoll um dich kümmern. Du kannst entspannt schlafen, weil das Gefühl von Sicherheit in dir vorhanden ist. Und während du in Gedanken ein Baby bist, bewertest du noch nichts. Alles ist so, wie es ist, weder gut noch schlecht. Es ist einfach. Dieses Annehmen des Lebens und die Tatsache, dass du geliebt und behütet wirst, solltest du tief spüren und verinnerlichen, um sie anschließend mit in dein reales Leben nehmen zu können. Denn auch hier passieren Dinge, die du erst einmal annehmen musst. Und auch hier wirst du geliebt! Sicherheit hingegen kann dir keiner garantieren, aber allein der Glaube an Sicherheit macht dich standfester. Solltest du religiös oder auf eine andere Weise gläubig sein, so bietet das Gottvertrauen oder der Glaube eine ganze Bandbreite an Sicherheit, die du täglich nutzen kannst.

Gelassen bleiben mit einem Kleinkind bis 2 Jahre

Was bedeutet der Alltag mit einem Entdecker-Kind?

Nach dem ersten Geburtstag wird ein Baby zu einem Kleinkind. Es geht nun vermehrt auf Entdeckungsreise durch die Wohnung. Am Anfang vielleicht noch auf allen Vieren, aber sobald das eigenständige Laufen super klappt, versucht dein kleiner Liebling auch Treppen und Stühle zu erobern und irgendwann ist nichts mehr vor ihm sicher. In dieser Phase wird sich das Kind mehr und mehr als eigenständige Person entdecken und damit einhergehend seinen eigenen Willen entwickeln. Die vielen „Neins", die jetzt notwendig sind, können eine Mama leicht in den Wahnsinn treiben, obwohl die eigentliche Trotzphase erst mit Vollendung des zweiten Lebensjahres beginnt. Durch das Erlernen der Sprache kann sich dein Kleines nun viel besser verständigen, auch wenn viele Wörter anfangs kaum zu erkennen sind. Du wirst merken, dass meist zwei Wörter reichen, wenn dich dein Kind um etwas bittet, wie „Mama" und „Essen". Zusätzlich verständigt sich das Kind durch Zeigen auf die entsprechenden Gegenstände, um dir genau mitzuteilen, was es möchte. Die Zeit des Entdeckerkindes finde ich ziemlich spannend, weil man als Mama ganz schön staunen kann, auf welche Ideen die kleinen Mäuse kommen können. Mein Sohn hat mit etwa 22 Monaten ein Ei aus dem Kühlschrank geholt, was wirklich eine stolze Leistung war, weil das Ei nicht zerbrochen ist. Dann hat er dieses doch noch aufgeschlagen, selbstverständlich auf dem Wohnzimmerboden, damit die Katze etwas zu essen bekam. Zuerst war ich genervt wegen der Sauerei, doch dann beeindruckte mich die Logik hinter dieser Geschichte und ich muss sagen, ich war stolz auf den Kleinen.

Kleine Anregung zur Unperfektion

Genau diese Geschichten machen das Leben mit einem Kleinkind so spannend und abenteuerlustig. Als Mama wird man unvorbereitet in eine zunächst ärgerliche Situation hineingeschubst, um dann zu sehen, dass sich das Kind durchaus Gedanken gemacht hat, um sein Ziel zu erreichen. Das wird es in diesem Alter noch öfter tun und deine Geduld auf die Probe stellen. Denk nur an das alltägliche Essen. Bis jetzt hast du wahrscheinlich dein Kind gefüttert, sobald für die Speise ein Löffel notwendig war. Alles was das Kleine mit den Händen greifen konnte, wie einen Keks, hat es sicherlich schon selbst gegessen. Die Sache mit dem Löffel gehört nun allmählich zum nächsten Entwicklungsschritt und dein Kind wird von ganz allein damit anfangen wollen. Mit ein wenig Hilfestellung schaffen es manche Kinder recht schnell, selbst zu essen. Andere hingegen kleckern was das Zeug hält, lassen sich aber nicht entmutigen. Hier musst du wirklich gelassen bleiben und Unperfektion üben. Lege einfach einen alten Teppich unter den Kinderstuhl, den du zur Not in die Waschmaschine stecken kannst. Badteppiche sind dafür wunderbar geeignet. Deinem kleinen Liebling bindest du ein großes Lätzchen um oder nutzt Lätzchen mit Ärmeln. Für dich solltest du alte Klamotten einplanen. Wenn es möglich ist, setzt du das Kind etwas entfernt von einer Wand, denn Tomatensoße-, Spinat- und Karottenspritzer sind für jede Tapete das Ende. Du kannst in dieser Zeit auch Speisen bevorzugen, deren Färbungen nicht so viel ausmachen, wie Reis mit Erbsen oder eine Kartoffelsuppe. Im Großen und Ganzen solltest du aber cool bleiben, auch wenn das Essen mal etwas weiter vom Mund entfernt ist und deshalb nicht dort landet, wo es hinsoll. Lobe dein Kleines trotzdem!

Auch in allen anderen Lebenslagen solltest du dein Kind ermuntern, sich auszuprobieren und Grenzen zu erfahren. Sei dabei oft ein stiller Beobachter und misch dich nur ein, wenn Gefahr droht. Gern kannst du auch immer wieder kleine Hilfestellungen geben und deinen kleinen Liebling motivieren, wenn er sich selbst nicht so viel zutraut. Die Sicherheit, die eine Mama ausstrahlt, bringt viele Kinder dazu, weiter zu üben. Dennoch gibt es immer wieder Momente, in denen du die Babyzeit zurückdrehen möchtest, beispielsweise dann, wenn dein kleiner Liebling die frisch zusammengelegte Wäsche wieder aus seinem Schrank zieht und auf dem Boden verteilt, wenn er sein Spielzeug in der Küchenschublade verstauen möchte, wenn er Holzklötze durch die Gegend wirft oder ausprobiert, wie ein Ball die Treppe herunter kullert. Nun ist es an der Zeit, die Wohnung möglichst sicher zu gestalten und an den Schubläden Kindersicherungen anzubringen oder Treppen mit einem Gitter zu sichern. Daneben musst du deinem kleinen Entdeckerkind auch anerziehen, nichts durch die Wohnung zu werfen. Viele Kinder werden leicht zornig, wenn etwas nicht so klappt, wie sie sich das vorstellen. Diese Wutanfälle sind ganz normal, denn wie soll sich das Kind sonst ausdrücken. Wenn deine kleine Maus ihren Rock unbedingt allein hochziehen möchte und dieser einfach unterhalb des Pos hängenbleibt, kann das leicht zu lautem Schreien und wildem Gehampel ausarten. Das ist für Mamas nicht immer leicht und der Geduldsfaden kann schon sehr dünn sein. Hier hilft nur tiefes Ein- und Ausatmen, um sich dann der Situation stellen zu können.

Kleine Übung zur Achtsamkeit

Atmen gehört zum Leben wie der Herzschlag eines Menschen und dennoch achten wir im Alltag nicht darauf, weil die Atmung selbstverständlich ohne unser bewusstes Zutun läuft. Würden wir uns allerdings genauer damit beschäftigen, könnten Atemfehler leichter korrigiert werden. Die richtige Atemtechnik, nämlich die Bauchatmung, bringt viel mehr Sauerstoff in die Lungen als die flache Brustatmung. Vor allem in Stresssituationen oder wenn eine Mama Sorgen hat, wird sie vermehrt zur flachen Atmung übergehen. Durch ausreichend Achtsamkeit kann sie dann die gesunde Bauchatmung anwenden und wird sich entspannen. Um diese Atemtechnik zu üben, kannst du dich hinlegen, hinsetzen oder auch stehen, beispielsweise in einer Yogastellung. Lege nun die Hand auf deinen Bauch und fühle beim tiefen Einatmen wie sich die Bauchdecke wölbt. Nun lässt du die Luft wieder entweichen und spürst, wie sich die Bauchdecke senkt. Wiederhole diesen Vorgang mehrmals, um dich mit dieser Atemtechnik vertraut zu machen. Du kannst sie in kleinen Pausen immer wieder üben. Durch die tiefe Atmung wird wesentlich mehr Sauerstoff in die Lungen gepumpt und über das Blut im Körper verteilt, was kreislauffördernd, blutdrucksenkend und stressabbauend ist. Zudem wird dein Herz gestärkt und es können sogar Kopfschmerzen und Schlafstörungen gelindert werden.

Gerade in diesem Alter der Entdeckerkinder müssen Grenzen gesetzt werden, damit die Kleinen wissen, woran sie sind. Während ihrer Erkundungen und dem Ausprobieren werden sie immer wieder Grenzen überschreiten wollen, um zu sehen, wie weit sie gehen können. Die ersten Regeln sollen deinem kleinen Racker Halt und eine gewisse Struktur bieten, an der er sich orientieren kann. Beginne mit einfachen Grenzen, die du auch sichtbar machen kannst. Dein Kind wird gern in deiner Nähe sein und dort am liebsten spielen. Es kann deshalb sein, dass deine Küche oder das angrenzende Ess-/Wohnzimmer nun in einen Spielplatz umgewandelt wird. Bist du allzu kulant, wird dein kleiner Liebling alle Bereiche für sich entdecken und dort seine Spielsachen verstreuen, wie Sofa und Tisch, sowohl darauf als auch darunter. Zeigst du deinem Kind immer wieder seinen Spielplatz, wird er es irgendwann akzeptieren, wenn du streng bleibst. Eine eindeutige Abgrenzung, zum Beispiel durch einen eigenen Spielteppich, eine Decke oder ein Laufgitter, vermittelt dem Kind sein persönliches Reich. Nach und nach kannst du weitere Regeln einführen, allerdings eine nach der anderen, ansonsten wird dein Kleines schnell überfordert und hält keine Abmachungen ein. Da ein 1- bis 2-jähriges Kind in vielen Dingen seine Umgebung und in erster Linie dich als Mama nachahmen möchte, wird es versuchen, möglichst viele deiner Alltagsgegenstände auch zu verwenden. Ihm jetzt beizubringen, dass diese Dinge nur dir gehören, kann schnell in einem „Nervenzusammenbruch" enden. Deshalb könntest du eine Lösung finden, die euch beiden hilft. Wie wäre es mit einem kleinen Korb voller Mama-Sachen, wie einem Kochlöffel, einem kleinen Brett, ein paar Plastikdosen oder einem kleinen Topf? Wenn du ab und zu noch ein paar essbare Kleinteile hineinlegst, beispielsweise kleine Kekse, gekochte Erbsen, frische Karotten- oder Apfelstücke, die das Kochen realer machen, so wird sich dein kleiner Wonneproppen freuen. Natürlich klingt das auf dem Papier immer alles leicht und bringt in der Realität Probleme mit sich. Aber lass dich nicht unterkriegen, vertrau deiner inneren Stimme und versuche immer wieder die Situation mit den Augen deines Kindes zu sehen! Es will dich nicht ärgern, sondern nur ausprobieren, lernen und seine eigene Entwicklung gehen.

Übungen und Anregungen

Die Zeit mit einem Entdeckerkind fordert viele junge Mamas, denn bisher war das Baby doch recht pflegeleicht. Sobald das Kleine aber seinen Horizont erweitert, muss jede Mama genauer hinschauen, denn schon im nächsten Augenblick könnte der kleine Wonneproppen etwas Gefährliches anstellen. Jetzt sind kleine Pausen mit Entspannungstechniken sehr vorteilhaft und sollten regelmäßig ausgeführt werden. Du kannst die in den vorherigen Kapiteln beschriebenen Methoden und Übungen verwenden oder auf die folgende zurückgreifen.

Kleine Anregung zur Selbstfürsorge

Nach einem turbulenten Tag, an dem dein Kleines vielleicht besonders anstrengend war, brauchst du dringend eine Auszeit. Möglicherweise ist dein Entdecker immer noch voller Energie und du wünschst dir, dass dein Kind endlich zur Ruhe kommt. Da wäre ein gemeinsames Bad genau das Richtige. Am besten esst ihr vorher zu Abend, damit dein kleiner Wonneproppen anschließend gleich ins Bett gehen kann. Die Wassertemperatur sollte angenehm warm sein, denn durch die verbesserte Durchblutung werden die Muskeln entspannt. Manche Badezusätze enthalten ätherische Öle, die sich ebenfalls positiv auswirken. Wärme wirkt ganz allgemein besänftigend und schenkt Geborgenheit. Die Spielrunde in der Badewanne solltest du so gestalten, dass sie nicht in erneutem Tohuwabohu ausartet. Gegen Ende der Badezeit könntest du dein Kleines auf deinen Schoß setzen und Kuschelfisch spielen. Langsame Bewegungen verbunden mit dem Hautkontakt bringen dein Kind zur Ruhe. Oder erzähle eine Fantasiegeschichte vom Meer, einem See oder Bach und wie die großen Wassertiere dort zusammen mit ihren Kindern leben. Diese Zweisamkeit in der wohligen Wärme sollte auch dir guttun. Vielleicht kann dein Mann euer Kind zu Bett bringen und du entspannst dich weiterhin in der Badewanne oder setzt dich anschließend gemütlich aufs Sofa und relaxt dort. Natürlich kannst du solch einen Badegenuss auch von vornherein ganz allein für dich erleben.

Kleine Anregung zur Unperfektion

Viele Kinder entwickeln etwa mit 18 Monaten Trennungsängste, die sie unsicher werden lassen. Das kann auch die Schlafenszeit betreffen. Langwierige Abende und halb durchwachte Nächte können die Folge sein, wenn der kleine Liebling einfach nicht in seinem eigenen Bett bzw. Zimmer schlafen möchte. Allen gestressten Müttern kann ich nur empfehlen, sich mit dem gemeinsamen Schlafen auseinanderzusetzen. Evolutionsbiologisch gesehen, ergibt das nämlich Sinn – in frühgeschichtlicher Zeit haben Kinder immer zusammen mit einem Erwachsenen geschlafen, um das Kleine vor wilden Tieren oder der Kälte zu schützen. Verschiedene Studien haben ebenso herausgefunden, dass auch die Erwachsenen sich lieber gemeinsam ein Bett teilen. Zusammen fühlt man sich sicher und geborgen. Kinder lernen irgendwann das selbständige Schlafen, es sollte allerdings nicht stur erzwungen werden. In Zeiten von Trennungsängsten ist es deshalb für alle Beteiligten besser, zumindest in einem Zimmer zu schlafen. Falls dies möglich ist, sollte das Kinderbett einfach dazugestellt werden, damit es im Ehebett nicht zu Gerangel und unruhigem Schlaf kommen kann.

Gelassen bleiben mit einem Kleinkind bis 4 Jahre

Was bedeutet der Alltag mit einem Trotz-Kind?

Um kurz Klartext zu reden, die Trotzphase ist wirklich kein Zuckerschlecken für Eltern, für die kindliche Entwicklung allerdings notwendig und wertvoll. Deshalb solltest du als Mama, ebenso wie dein Kind, alle Geschütze auffahren. Deine Geheimwaffen werden die immer wieder gezielt eingesetzten Entspannungstechniken und Pausen sein. Denn ab sofort wirst du dich täglich einer kleinen, süßen, aber sehr explosiven Mine aussetzen. Und warum? Kinder nehmen sich mehr und mehr als Individuum wahr, möchten sich daher selbst in ihr junges Leben einbringen und wenn sie dabei an ihre oder deine auferlegten Grenzen stoßen, werden sie bockig. Das alles ist naturgemäß so gewollt, weil sich die Kleinen dadurch Durchhaltevermögen und Selbständigkeit aneignen. In dieser Zeit entwickeln sich auch die emotionalen Empfindungen, die du als Wutausbruch kennenlernen wirst oder bereits hast. Für dich ist es wichtig, dass du immer wieder den Sinn hinter dieser Phase siehst und in dir tief und fest verankerst, dass dein Wonneproppen dich nicht ärgern will. Er muss das einfach tun, um irgendwann ein Erwachsener zu werden. Da gehört das langsame Streben nach Selbständigkeit einfach dazu. Der eigene, starke Wille ist also positiv, kann von deinem kleinen Liebling allerdings nicht immer kontrolliert werden. Wenn der Schuh sich einfach nicht anziehen lässt, die Zeit zum Spielen zu kurz war oder das Lieblingsshirt noch in der Wäsche ist, dann kann so ein kleiner Mensch nur noch mit Wut reagieren. Er schreit, schlägt um sich, beißt, schubst, haut und wirft manchmal auch mit Gegenständen. Kinder in diesem Alter können ihre Emotionen noch nicht in geordnete Bahnen lenken. Sie stauen sich an und irgendwann kommt es zur Explosion. Hier als Mama ruhig zu bleiben, ist sehr schwierig. Denk immer daran, dass auch alle anderen Generationen Mütter durch dieses Desaster hindurch mussten und aus den ehemaligen Trotzkindern in der Regel sympathische und im Leben stehende Erwachsene geworden sind.

Kleine Übung zur Selbstfürsorge

Um in dieser stürmischen Phase nicht selbst zu einer tickenden Zeitbombe zu werden, brauchst du eine Überlebensstrategie. Du hast schon von bewusstem Atmen gelesen, was auf jeden Fall eine gute Option ist. Dazu könntest du einen Autosuggestionssatz verwenden, wie beim autogenen Training. Diesen solltest du dir am Anfang der Trotzphase regelrecht vorbeten, damit er im Notfall parat ist. Ein möglicher Satz könnte heißen: „Durch diesen wilden Wutausbruch entwickelt sich mein Kind zu einem sympathischen Erwachsenen." oder "Dieser furchtbare Wutausbruch ist für die Entwicklung meines Kindes sehr förderlich." oder "Ich liebe mein Kind auch bei diesem Wutausbruch, denn er fördert seine Entwicklung." Du kannst auch gern einen eigenen Satz kreieren, einen Reim daraus machen und ihn mit einer schönen Melodie unterlegen. Denn Singen kann, wie du ja weißt, den Druck aus deinem Körper nehmen und wenn du laut singst, auch den von deinem Kind. Vielleicht nicht sofort, aber probiere es einfach aus. Die Kleinen fühlen sich in ihrer Lage nämlich hilflos und brauchen eine verständnisvolle Mama. Deshalb musst du bei deinem Liebling bleiben, dafür sorgen, dass dein Kind sich und andere nicht verletzt und ihm beibringen, dass man Gefühle auch anders ausdrücken kann, am besten in Worten. Du darfst ihm auch gern zeigen, dass man seine Wut an einem Kissen, der Matratze und anderen unkaputtbaren Gegenständen auslassen kann, wenn man damit vermeidet, anderen Menschen und Tieren wehzutun. Dies sollte allerdings nicht zur Regel werden. Sobald der Wutausbruch vorüber ist, kannst du dein Kind in den Arm nehmen, damit es fühlen kann, dass es verstanden wird. Erklär ihm, dass auch du ab und zu wütend bist und wie du damit umgehst, beispielsweise durch eine Yogaübung wie den Lotussitz/Schneidersitz. Bei jedem Wutanfall setzt du dich in die Nähe und sprichst im Sitzen: „Alles wird gut.", und zwar so lange, bis dein Kind zuhört und dann animierst du es, mitzumachen. Falls sich dein Kind darauf einlässt, wird es irgendwann von selbst die Position einnehmen und sich beruhigen. Diese Methode erscheint dir zu Hause vielleicht machbar, aber auf dem Spielplatz mit zehn weiteren Müttern oder im Einkaufscenter nicht? Das kann ich verstehen. Du könntest dann nur diesen Satz murmeln. Eine andere Möglichkeit ist es, die aufgestaute Wut in einen imaginären Luftballon oder Müllbeutel zu stecken, den „bösen Kerl Wut" aus dem Fenster zu werfen oder vor die Tür zu setzen. Kinder lieben Fantasiegeschichten und so erzähl deinem Kind eine, wie die Wut den kleinen Körper ganz ohne Wutanfall verlassen kann oder lies ihm ein Buch zu diesem Thema vor, und zwar immer in „friedlichen" Zeiten. Der beispielsweise von Astrid Lindgren ins Leben gerufene Sebastian Nigge ist für Madita derjenige, der Wutanfälle auslöst und Bosheiten begeht, während die arme Madita auf dem Schornstein sitzt und warten muss, bis dieser Tunichtgut wieder verschwunden ist.

Mit Wutausbrüchen gehen Mütter ganz verschieden um. Vor allem in der Öffentlichkeit können solche Szenen unangenehm werden. Hier solltest du dich wieder auf deine innere Stimme verlassen. Bist du der Meinung, dass du in diesem Fall kulanter sein solltest, um einen Ausbruch zu verhindern oder zu mildern, dann tu es einfach! Du kannst auch versuchen, deinen kleinen Liebling abzulenken, beispielsweise mit einem Smartphone und der Lieblingssendung oder einem kleinen Versprechen, wenn er brav ist. Diese Angebote sollten allerdings eine Ausnahme bleiben und nur im Notfall eingesetzt werden, damit du nicht erpressbar wirst. Kinder lernen schnell und erkennen, wie sie sich verhalten müssen, um an ihr Ziel zu kommen! Das erfordert auch viele „Neins“ in dieser Phase, die sich bei deinem Kind aufschaukeln können. Ist die Reizschwelle erst einmal erreicht, entlädt sich die Wut. Wenn du an einem Tag merken solltest, dass sich etwas anbahnt, kannst du mit Gegenlenken das Steuer noch herumreißen.

Kleine Anregung zur Selbstfürsorge

Biete deinem Kind in dieser Situation gezielt Aufgaben oder Aktionen an, die es gern macht und von seinen Problemen ablenken. Das könnten wieder singen und tanzen sein, aber auch die Badewanne, durchkitzeln, ein paar lustige Grimassen oder etwas in der Küche. Meine Lieblingsmethode ist das Pizza backen. Bereits beim Teig kneten kann dein Kleines seine angestaute Frustration an dem Teigklumpen auslassen. Natürlich wirst du helfen müssen, weil auch dein Stresslevel dadurch verringert wird. Für eine echte italienische Pizza soll der Teig immerhin zehn Minuten bearbeitet werden! Auch das Schnippeln von Gemüse oder Wurst macht den Kleinen schon viel Spaß und kann unter Aufsicht bzw. mit deiner Hilfe erledigt werden. Falls du dies nicht möchtest, ist das kein Problem. Dann lass dein Kind einfach die Pizza belegen und zwischendurch naschen. Es hat mit Sicherheit Freude daran. Wenn dann alle Familienmitglieder die Pizza essen, hat sich der angebahnte Wutanfall wahrscheinlich längst aufgelöst. Vergiss nicht, deinen kleinen Sonnenschein für seine tolle Arbeit zu loben! Alternativ könnt ihr auch Plätzchen, Brot oder Brötchen backen sowie Salzteig-Ausstecher machen. Und denke bei akuten Situationen immer wieder an dein Mantra oder Gebet, dass dies alles nur zum Besten deines Kindes geschieht.

Übungen und Anregungen

Kleine Anregung zur Selbstfürsorge

Kinder zwischen zwei und vier Jahren sind nicht nur Trotzkinder. Sie entwickeln auch viele andere Dinge weiter, wie die Sprache, ihre Motorik, die Wahrnehmung sowie Lern- und Spielfähigkeit. Die im Alltag gelernten Regeln werden nun beispielsweise in Form von Gemeinschaftsspielen, wie Brett- und Kartenspielen, weiter ausgebaut. Nutze diese Zeit der kleinen Spielrunden, denn meistens können sich die Kleinen nur eine begrenzte Zeit darauf konzentrieren, um selbst ein wenig auszuruhen. Hierbei lernen die Kinder, sich zu konzentrieren und bleiben in dieser Phase oft ruhig, vor allem, wenn sie das Spielen bereits in der Kita gelernt haben. Durch Vorlesen und Geschichten erzählen, können sich Kinder die Sprache anhören und durch eigenes Sprechen trainieren. Animiere dein Kleines immer wieder zum Sprechen, während es beispielsweise in Bilderbüchern Dinge benennen soll oder das Vorgelesene nacherzählt. Die Grobmotorik kann im Freien wunderbar trainiert werden, egal ob das Balancieren auf einem erhöhten Randstreifen zwischen Fußweg und Wiese, dem Klettergerüst, durch erstes Fußballspielen oder das Fahren mit dem Lauf- oder sogar schon dem Fahrrad. Hier ergeben sich Momente an der frischen Luft, die du immer wieder durch bewusstes Atmen für dich nutzen kannst. Am Spielplatz bleibst du meist stiller Beobachter und hast dadurch ebenfalls etwas Freiraum für dich. Entspann dich immer wieder gezielt, während du deinem Kind zusiehst. Feinmotorische Fähigkeiten erlernen Kinder bei kreativen Arbeiten. Je mehr unterschiedliche Techniken, Utensilien und „Werkzeuge" du anbietest, umso vielfältiger kann die Feinmotorik geübt werden. Das geht unter anderem über das Schneiden, Kleben, Malen mit Stiften, Pinsel oder Kreide, Falten (Origami), Backen und Burgen bauen im Sandkasten, Kneten, Legosteine aufeinandersetzen bis hin zu leichten handwerklichen Arbeiten. Such dir dabei regelmäßig deine Lieblingsbeschäftigungen heraus, um ein Glücksgefühl für dich selbst zu kreieren. Viele gelungene, aber auch unperfekte Arbeiten solltet ihr gemeinsam aufhängen oder aufstellen. Das ist nicht nur ein riesiges Lob für die Kleinen, sondern auch für dich und es erfreut ein Mutterherz, wenn es sehen kann, wie weit sich sein kleiner Liebling seit den Babytagen entwickelt hat.

Kleine Anregung zur Unperfektion

Vor allem die kreativen Arbeiten sowie das Spielen und Bewegen in der freien Natur können einige Malheure verursachen. Wie schnell ist die Hose dreckig oder hat ein Loch, wie schnell ist der Wasserbehälter beim Malen mit Wasserfarben umgekippt und die Brühe läuft über den Tisch – es gibt noch viele andere Beispiele, die unbeabsichtigt passieren und mehr Arbeit für dich bedeuten. Dennoch solltest du entspannt bleiben. In diesem Alter kannst du dein Kind zum Helfen animieren, beispielsweise zur Beseitigung der Sauerei auf dem Tisch. Mit geeigneten Vorsichtsmaßnahmen sind solche Missgeschicke harmlos und schonen deine Nerven. Wenn trotzdem etwas Wertvolles zu Bruch gehen sollte oder anderweitig beschädigt wird, dann ist das ziemlich ärgerlich, aber auch hier solltest du versuchen, erst einmal tief durchzuatmen. Kinder wollen nicht etwas mutwillig zerstören. Nur wenn dies tatsächlich der Fall sein sollte, ist Strenge angesagt. Ansonsten war es ein Unfall, der dir auch hätte passieren können. Du solltest verständnisvoll reagieren und deine Gefühle zeigen. Wenn dein Kind etwas für dich Wertvolles kaputt gemacht hat, erklär ihm, dass dich das traurig macht und es deshalb vorsichtig mit deinen Sachen umgehen oder sie ganz in Ruhe lassen soll. Sobald kleine Kinder im Haus sind, kannst du beispielsweise deine Dekoration anpassen und deine Schätze in sichere Bereiche stellen, um unnötigen Ärger aus dem Weg zu gehen.

Gelassen bleiben mit mehr als einem Kind

Was bedeutet der Alltag mit mehreren Kindern?

Sobald du ein weiteres Baby erwartest, kannst du neben der Vorfreude auf das Kleine noch eine weitere Freude in dir abrufen – du bist nicht länger unerfahren, sondern bereits eine routinierte Mama. Du wirst merken, in wie vielen Bereichen, dir diese Erfahrung zu Hilfe kommt. Nebenbei bleibst du ab sofort in den meisten schwierigen Situationen gelassener und kannst die ein oder andere Lösung aus den vergangenen Monaten und Jahren nutzen. Viele Mütter mit mehr als einem Kind berichten davon, dass sich ihr Alltag mit mehreren Kindern nicht sehr verändert hat. Und das klingt doch optimistisch! Natürlich ist die erste Zeit mit einem Baby, egal wie viele weitere Kinder noch im Haus leben, anstrengend und zehrt an den Kraftreserven, da ein Baby einfach sehr viel Aufmerksamkeit und Fürsorge braucht. Sofern du dein Kind stillst, kann der Papa in diesem Bereich leider nicht helfen. Dafür finden vielleicht das oder die Geschwisterkinder Freude daran, Spielplatztouren oder Bobby-Car-Rennen mit dem Papa zu unternehmen. Für einen entspannten Mama-Alltag sind auch bei mehreren Kindern gutes Organisationstalent und Freiräume von Vorteil, denn zwei, drei, vier, fünf Kinder bedeuten auch die zwei-, drei-, vier-, fünffache Anzahl an Terminen. Dazu gehören selbstverständlich auch die täglichen Kita-Besuche. Mit einer festen Struktur wirst du dich als Mama leichter tun. Dabei ist es wieder wichtig, kleine Pausen einzuplanen, in denen du entspannen und neue Kraft tanken kannst.

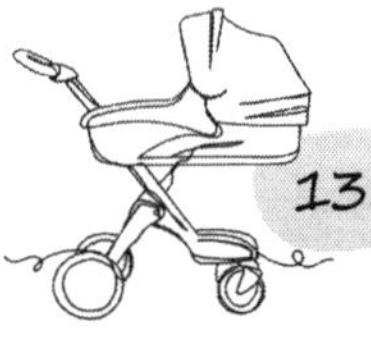

Kleine Anregung zur Achtsamkeit

In einem Alltag mit mehreren Kindern musst du dich in der Regel um alle gleichzeitig kümmern. Ist noch ein Baby darunter, wird sich viel um das Kleinste drehen und die älteren Geschwister fühlen sich manchmal „vernachlässigt". Gegen dieses Gefühl kannst du jedoch etwas unternehmen, was auch dir zugutekommt – Zeit für ein einziges Kind. Diese Momente sind auch dann wichtig, wenn alle Geschwister schon aus dem Babyalter heraus sind. Je älter das Kind bereits ist, umso eher kann es auch seine Wünsche für diese Momente mit Mama äußern. Während dieser Zeit solltest du achtsam sein und beobachten, welche speziellen Verbindungen ihr beide zueinander habt, denn es gibt immer feine Unterschiede zwischen den einzelnen Mutter-Kind-Beziehungen. Wie immer solltest du nichts bewerten. Du kannst auch gern Gespräche anregen, damit sich dein Kind öffnen kann. Vielleicht hat es Ängste bezüglich eines neuen Familienzuwachses oder kommt in einer speziellen Phase mit einem Geschwisterkind nicht so gut zurecht wie früher. Natürlich muss die gemeinsame Zeit nicht immer unter dem Aspekt der Achtsamkeit oder Problemlösung stehen. Sie kann vielmehr eure Beziehung wunderbar gestalten.

Für die Zeit, in denen du alle Kinder gleichermaßen betreuen musst, bieten sich natürlich gemeinsame Beschäftigungen an, auch der Kinder untereinander. Wenn das in dieser Art möglich ist, kannst du unterdessen ein paar notwendige Aufgaben erledigen oder eine kleine Pause in der Nähe deiner Kinder einlegen. Vor allem kurz nacheinander geborene Kinder oder Mehrlingsgeschwister, wie Zwillinge, verstehen sich beim Freispiel meist sehr gut und können gemeinsam Türme bauen, puzzeln, Puppen anziehen, kochen oder Puppentheater spielen. Auch der Spielplatz oder ein Garten sind Orte, an denen die Kleinen herumtollen können und du Zeit für eine kleine Entspannung hast. Selbstverständlich kann es beim gemeinsamen Spielen zu Streitereien und Wutausbrüchen kommen, wenn ein Kind den hohen Turm des anderen umgeworfen hat oder die Puppe lieber schlafen soll, obwohl das andere Kind meint, es sollte baden. Für diese Augenblicke bist du ja in der Nähe und kannst entscheiden, ob die Kleinen den Streit zunächst allein austragen sollen, du sie liebevoll bei der Lösung unterstützt oder ob du sofort eingreifen musst, weil die Situation ansonsten ausarten würde. Dem gemeinsamen Beschäftigen kannst du natürlich auch selbst beiwohnen und beispielsweise ein Baby mit dazu nehmen. Setzt es auf deinen Schoß oder lege es mit seiner Spielmatte daneben, damit ihr alle miteinander spielen könnt.

Für die Organisation des Alltags möchte ich dir wieder das Alltags-Tagebuch empfehlen, damit du dir einen realistischen Überblick verschaffen kannst. Mit mehreren Kindern, vor allem im Kleinkindalter, solltest du für alle Unternehmungen, und sei es nur der Weg zur Kita, mehr Zeit einplanen. Allein das Kinder-Zusammen-Trommeln und Anziehen benötigt einfach ein paar Minuten mehr. Dazu kommt noch, dass sich die Kleinen gern zusammenrotten und wenn einer trödelt, dann macht das der andere auch. Solange du nicht unter Zeitdruck stehst, geht alles viel entspannter, aber sobald es zeitlich eng wird, können die meisten Mamas nicht mehr cool bleiben und das Chaos bricht aus. Und zu guter Letzt sind alle genervt. Die Kinder vergessen dieses Gefühl bald wieder, aber du behältst es in dir und schleppst es durch den ganzen Tag. Aus diesem Grund ist eine an deinen Alltag angepasste Zeitplanung empfehlenswert. Sollte es trotzdem einmal zu einem gewissen Zeitdruck kommen, darfst du dennoch entspannt bleiben. Die meisten "Termine" können auch zehn Minuten später angetreten werden. Denk nur an einen Arztbesuch. Die ohnehin langen Wartezeiten rechtfertigen auch ein Zuspätkommen. Wie du bereits im Kapitel "Alltags-Tagebuch" lesen konntest, solltest du darin auch freie Zeiten vermerken, wenn du dir diese sonst nicht nehmen würdest. Hier könnten auch spezielle Nachmittage oder Abende als konkrete Familienzeit festgelegt werden. Für einen oder mehrere Zeiten kommen danach keine Sportgruppen oder andere Außer-Haus-Termine infrage.

Diese reservierte Zeit für gemeinsames Spielen, eine kleine Unternehmung oder einfach nur das gemütliche Beisammensein empfinden in der Regel alle Familienmitglieder entspannend. Dazu musst du auch kein Programm vorbereiten. In vielen Fällen spielen die Kinder wunderbar allein, wenn Vertrauenspersonen in ihrer Nähe sind. Du kannst dich also mit einem guten Kaffee daneben setzen und zuschauen. Und wenn du Lust dazu hast, einfach mitmachen.

Übungen und Anregungen

Bei einem Alltag mit mehreren Kindern gibt es ebenso Vorteile wie Nachteile. Damit die Vorteile den überwiegenden Anteil eines Tages ausmachen, kannst du gezielt ein paar Übungen oder Spiele einbauen, die verschiedene Sinne anregen und für Entspannung während des Alltags sorgen. Kinder lieben es in der Natur zu sein und sich dort aktiv beschäftigen zu können. Die frische Luft und der natürliche Bewegungsdrang der Kinder sorgen neben der Entwicklung der Grobmotorik und Stärkung des Immunsystems auch für körperliche Betätigung, die am Abend in Müdigkeit umschlagen sollte. Dieses Austoben kannst du also gezielt einsetzen, um am Abend etwas freie Zeit für dich rauszuholen.

Kleine Übung zur Achtsamkeit

Haben sich deine Kleinen bereits wunderbar verausgabt, könntest du eine Pause der Stille einbauen. Setzt euch alle zusammen auf eine Wiese und beobachtet zunächst den direkten Bereich um euch herum. Welche Pflanzen wachsen auf dieser Wiese? Manche haben lange Blätter, wie der Spitzwegerich, manchen haben kleine Blätter, wie der Klee, und manche haben auch Blüten, wie das Gänseblümchen. Seht ihr auch kleine Tiere, wie Ameisen, Käfer oder Vögel? Unterhaltet euch ein bisschen über das Leben dieser Welt im Grünen. Oder ahmt eine dieser Pflanzen oder Tiere nach. Ein wundervolles Spiel ist das “Feenspiel”. In vielen Büchern und Fernsehsendungen werden Feen aufgegriffen und sind für die Kleinen etwas ganz Besonderes. Wahrscheinlich haben deine Kinder noch keine echten Feen gesehen, oder doch? Schaut euch genau um und vielleicht entdeckt ihr welche. Die Fantasie kannst du ganz leicht anregen, indem du beispielsweise eine Libelle als Fee bezeichnest. Vielleicht versteckt sich auch eine Fee in einer wundervollen Blüte. Suche dir einen Teil in dieser Blüte, welcher dafür infrage kommen könnte. Wandert auf der Wiese oder in einem Garten herum und sucht nach Feen oder Trollen, die meist unter Steinhaufen wohnen. Kleine Meerjungfrauen finden sich vielleicht an einem Bach oder einem Teich. Mit ein wenig Fantasie könnt ihr eure eigene Welt der magischen Wesen kreieren.

Kleine Übung zur Achtsamkeit

Eine ganz ähnliche Übung ist die der „Wilden Tiere”. Vorab eignet sich ein Besuch im Zoo oder das Schauen passender Sendungen oder Videos, wie Tierdokumentationen, damit deine Kleinen auch wissen, wie sie sich bewegen und lautstark artikulieren müssen. Dieses Spiel könnt ihr sowohl im Wohnzimmerdschungel als auch im wilden grünen Wald vor eurer Haustür ausführen. Wichtig dabei ist nur der Spaß, wenn sich eine

wilde Raubkatze mit einem drolligen Affen oder einem gemütlichen Elefanten trifft. Mach ruhig selbst mit, denn das ein oder andere Brüllen kann befreiend wirken, vor allem wenn du dich an eine konkrete Situation erinnerst, die dich vor kurzem richtig genervt hat. Überhaupt können auch Mütter beim Spielen wieder ihre seit Jahren verborgene kindliche Seite ausleben, was eine Wohltat fürs Gemüt ist. Wenn alle Tiere immer aufbrausender werden und der Dschungel kaum noch zu bändigen ist, wird es Zeit für die ruhigen Tiere, wie die Schildkröte oder das Faultier. Du kannst es auch mit Yoga-Übungen für Kinder versuchen, allerdings können die jüngeren Kinder die Asanas nicht korrekt ausführen. Im Prinzip macht das aber nichts, Hauptsache ihr habt Spaß und könnt zum Abschluss der “Wilden Tiere” runterkommen und entspannen. Mögliche Yoga-Übungen wären unter anderem die Katze (Bidalasana), der Frosch (Bhekasana) oder der Fisch (Matsyasana). Die Bewegungen dazu solltet ihr langsam ausführen, bewusst atmen und abschließend in der entspannten Haltung verweilen.

Kleine Anregung zur Unperfektion

Gerade mit mehreren Kindern verwandelt sich die Wohnung sehr schnell in ein chaotisches Durcheinander. Überall finden sich Krümel, Spielzeug oder verschmierte Türklinken. Hier einen kühlen Kopf zu bewahren, ist nicht ganz einfach. Du solltest es dennoch versuchen, um nicht in ein Hamsterrad zu geraten, dessen Fahrt du nicht mehr bremsen kannst. Krümel beispielsweise lassen sich nicht vermeiden. Entscheide für dich, wie viele du davon ertragen kannst und wann die Beseitigung dieser den für dich besten Effekt erzielt. Entfernst du diese nach dem Frühstück, kannst du dich vielleicht bis zum Nachmittag daran erfreuen, denn das Mittagessen krümelt ja selten. Kehrst oder saugst du die Krümel nach dem Abendessen weg, siehst du das tolle Ergebnis kaum, es sei denn du bist ein Nachtschwärmer. Auch wenn dich Chaos im Haushalt stört, so wird es mit Kindern nicht ohne gehen. Im Laufe der Zeit wird sich das ändern, wenn alle Kinder älter werden und selbst ein wenig helfen können, Ordnung zu halten. Auf der anderen Seite gehören genau diese Aspekte zum Leben. Du bist schließlich Mama und nicht Inhaberin eines Möbelhauses.

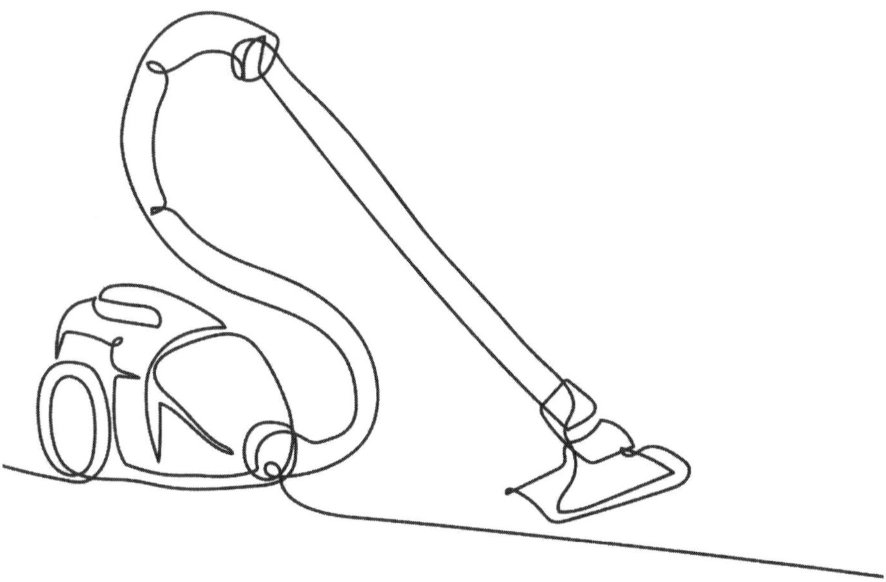

Gelassen bleiben als alleinerziehende Mama

Was bedeutet der Alltag als alleinerziehende Mama?

Laut dem Statistischen Bundesamt sind 2,17 Millionen Mütter in Deutschland alleinerziehend. Das entspricht etwa jeder 5. Familie. Als alleinerziehende Mama bist du also wahrlich nicht allein. Wurde dieses Familienmodell noch vor einigen Jahrzehnten von vielen Menschen abgelehnt und wurden damals junge, alleinerziehende Mütter regelrecht mit Unmut, Sticheleien und Missachtung bedacht, so hat sich dieses Bild zum Glück größtenteils gewandelt. Alleinerziehende sind heute selbstbewusster, auch wenn sie es dennoch schwer haben. Nicht jede alleinerziehende Mama lebt aus freien Stücken so. Einige wurden unerwartet von ihren Partnern verlassen und haben die Entscheidung zur Trennung nicht selbst getroffen. Auch verwitwete Frauen wurden in ein Schicksal hineingestoßen, dem sie wehrlos ausgesetzt waren. All diese Mütter müssen täglich mehr bewerkstelligen, als nur den Papa zu ersetzen.

Kleiner Mutmacher

Falls du eine alleinerziehende Mama bist, möchte ich dir zuerst ein ganz großes Kompliment machen. Ich bewundere dein Durchhaltevermögen in dieser, vor allem zu Beginn, sehr schwierigen Situation, deine fortwährende Liebe gegenüber deinem Nachwuchs, deinen Alltag, den du trotz allem versuchst, mit vielen fröhlichen Augenblicken zu bereichern, deine Aufopferung, zusätzlich den zweiten Elternteil in der Familie zu ersetzen und deinen Verzicht in vielen Dingen! Du bist eine wahrhaft gute Mama! Das solltest du wirklich verinnerlichen! Denn neben deinem ohnehin schon stressigen Alltag bist du es, die über den Verlust des Papas hinwegtrösten muss, obwohl du womöglich selbst traurig bist. Sobald du merkst, dass deine Kraftreserven langsam aufgebraucht sind und du kaum noch Licht am Ende des Tunnels siehst, dann wird es höchste Zeit, Hilfe zu holen. Du musst in dieser Situation nicht alles allein schaffen. Es gibt bestimmt liebevolle Großeltern, Verwandte oder Freunde, die dir gern unter die Arme greifen. Du bist zwar im Moment alleinerziehende Mama, aber immerhin auch noch eine Frau mit Bedürfnissen jenseits deines kleinen Sonnenscheins. Deshalb solltest du auch noch Zeit für dich allein finden, um mal ins Kino zu gehen, deine beste Freundin zu treffen oder einfach ein entspanntes Bad zu nehmen.

Kleine Übung zur Selbstfürsorge

Wenn dich mal wieder ein Tag besonders an die Grenzen deiner Kräfte gebracht hat, dann schreibe dir und deinem Körper einen Liebesbrief. Lerne dabei, dich selbst zu schätzen. Du leistest wundervolle Arbeit und vernachlässigst dabei oft dich selbst und auch deinen Körper, der dich jeden Tag unterstützt – angefangen bei den Füßen, die dich tragen, über deine Wirbelsäule, die dein starkes Rückgrat ist, bis hin zu deinem Kopf, gefüllt mit deiner Intelligenz. Natürlich sind auch alle anderen Organe wichtig. Diese kannst du mit ihren eigenen Funktionen und auch im übertragenen Sinne selbst in deinen Brief einbeziehen. Formuliere diesen Brief mit der Liebe, die du auch deinem Kind schenken würdest. Schreibe, dass du stolz auf ihn bist und die Leistungen, die dadurch möglich werden. Ganz am Ende darfst du nun noch Wünsche äußern, die du gern zur Erholung für dich und deinen Körper hättest, beispielsweise eine Massage beim Physiotherapeuten. Es dürfen kleine und große Wünsche sein, aber sie sollten sich realisieren lassen. Wenn du diesen Brief nun immer wieder liest (du kannst ihn zwischendurch auch ergänzen), dann wird dein Unterbewusstsein Signale an deinen Körper senden, die ihn stärken. Deine Wünsche solltest du dir auch immer wieder erfüllen, um dein Wohlbefinden zu fördern. Das Beispiel Massage könnte durchaus ein Geburtstagsgeschenk sein. Gib also den ein oder anderen Wunsch ruhig weiter, damit deine Umgebung weiß, wie sie dich unterstützen kann.

Als alleinerziehende Mama wirst du früher oder später Fragen hören, die eure Familienkonstellation betreffen. Spätestens in der Kita sprechen die Kleinen untereinander oder im Gruppenkreis über Unternehmungen am Wochenende, den Alltag zu Hause oder was ihre Eltern beruflich machen. Dein kleiner Liebling wird irgendwann die Frage aufwerfen, warum der Papa nicht mehr bei euch lebt, vorausgesetzt er weiß es nicht. Falls du mit deinem Kind bereits über eure Situation gesprochen hast, wird es das in der Kita so weitergeben. Aber auch in diesem Fall kann es durchaus sein, dass sich dein Kind auch einen Papa wünscht, der bei euch wohnt. Diese für die Mama oft zermürbenden Fragen und/oder Wünsche sind nicht immer einfach zu ertragen, denn mit Sicherheit hast du dir dein Familienleben auch anders vorgestellt. Hier die Nerven zu behalten, ist nicht immer einfach. Daher ist es umso wichtiger, mit Achtsamkeit, Selbstfürsorge und Unperfektion dein inneres Gleichgewicht zu stärken. Je älter dein kleiner Sonnenschein ist, umso leichter kannst du ihm die Situation erklären, denn heutige Familienmodelle sind vielfältig. Dein Kleines kennt vielleicht auch andere Kinder, die in einem anderen Verbund leben als der traditionellen Vater-Mutter-Kind-Familie. Das Besondere in eurer Gemeinschaft ist heutzutage gar nicht mehr so besonders und deshalb solltest du deinem Sonnenschein erklären, und vermutlich dir auch, dass eure kleine Familie im Moment genau das beste Modell ist.

Vielmals haben alleinerziehende Mütter Bedenken, ob sie aufgrund der alltäglichen Herausforderungen eine gute Mama sind. Nicht selten sind sie gezwungen, zusätzlich zu ihrem Job als Mama einen weiteren

Job anzunehmen, um Geld zu verdienen. Die Leistungen, die der Staat für Alleinerziehende anbietet, sind leider oft nicht ausreichend, um zu Hause bleiben zu können und die Kinder im direkten Mama-Umfeld erziehen zu können. In vielen Fällen habe junge Mütter dann Gewissensbisse, ihre Kleinen schon frühzeitig in die Kita zu bringen. Lass dir diese bitte nicht einreden. Du entscheidest für euer gemeinsames Leben und weißt selbst am besten, wie du den Alltag gestalten möchtest oder auch gestalten musst. Viel wichtiger ist es, deinem Kind zu zeigen, dass du es liebst. Dein Kleines erwartet keine perfekte Mama und hakt nirgends ab, ob du dich zwölf Stunden um es gekümmert hast oder nur vier. Dein kleiner Liebling braucht das Vertrauen, dass du ihn als Mama unterstützt und für ihn da bist.

Übungen und Anregungen

Kleine Anregung zur Selbstfürsorge

Das Zusammensein spielt in einer Familie mit Kind/ern und einer alleinerziehenden Mama eine große Rolle, vor allem dann, wenn die Trennung oder der Verlust vom Papa noch nicht lang zurückliegt. Alle Familienmitglieder suchen in dieser Zeit Trost beieinander, den man beim Kuscheln leicht finden kann. Als arbeitende Mama könntest du die Kuschelzeit direkt an die Kita anschließen. Einerseits könnt ihr herunterfahren und euch ausruhen, und andererseits bietet sich die Gelegenheit, über die vergangenen Stunden zu sprechen. Du erfährst etwas aus der Kita und kannst etwas aus deinem Alltag erzählen. Vielleicht hast du aus dem Fenster deines Büros eine Mama gesehen, die mit ihrem Kind spazieren gegangen ist, und es hat dich an deinen Liebling erinnert. Mit dieser Aussage weiß dein Kind, dass es sicher in deinem Herzen verankert ist. Dadurch wird sein Vertrauen gestärkt, was momentan wichtig ist. Ein weiteres Problem kann in dieser Zeit das Schlafen im eigenen Kinderzimmer sein. Viele Kinder müssen sich auf die veränderte Situation einstellen und reagieren mit Ängsten. Im Kapitel „Gelassen bleiben mit einem Kleinkind bis 2 Jahre" wurde unter „Übungen und Anregungen" bereits ausführlich beschrieben, warum das gemeinsame Schlafen in einem Zimmer nicht ausgeschlossen werden sollte. Probiere es einfach aus, um selbst eine ruhige Nacht verbringen zu können. Du benötigst deine Kraft für den kommenden Tag und unterstützt damit dein Kind, sich mit der neuen Situation anzufreunden. Auch wenn es vielleicht einige Gegenargumente gibt, so kann ich dir versichern, dass dein kleiner Liebling irgendwann von allein in seinem eigenen Bett schlafen möchte, wie es große Kinder eben tun.

Kleine Anregung zur Achtsamkeit

Als alleinerziehende Mama bist du den größten Teil des Tages auf Autopilot und am Ende des Tages wünschst du dir nur noch Ruhe. Das ist völlig verständlich und geht auch nicht alleinerziehenden Müttern so. Sobald dann ein zusätzliches Problem auftaucht, und sei es noch so klein, hast du scheinbar keine Kraft, dieses auch noch zu lösen. Bitte verzweifle nicht, sondern nimm es in Achtsamkeit an, also völlig ohne Wertung. Oftmals stellen sich diese Herausforderungen im Nachhinein als positiv heraus. Auch wenn es manchmal schwerfällt, solltest du dich nicht aufregen, sondern zunächst eine Nacht darüber schlafen. Am nächsten Tag sieht die Sache oft schon anders aus und dieses Gefühl der Ohnmacht ist abgeflaut. Um sich nun der Problemlösung zu stellen, solltest du eine Runde mit deinem Kind spielen. Denk dich ein wenig in das Kleine hinein und ergründe spielerisch, wie du die Schwierigkeit lösen könntest. Manchmal reicht dazu das Liegen auf dem Boden oder das Bauen eines Turmes aus Stapelbechern. Die Ebene, auf denen sich Kinder bewegen, zeigt dir einfach eine andere Sichtweise als die des immerzu denkenden Erwachsenen. Sei offen und lass dich inspirieren.

Eine weitere Anregung möchte ich dir für die Wochenenden mitgeben. Als alleinerziehende Mama bietet sich diese Zeit besonders an, um in der Woche liegengebliebene Dinge zu erledigen. Das geht in einem gewissen Maß auch in Ordnung, allerdings solltest du trotzdem freie Zeiten einplanen und auch nutzen. Vielleicht gibt es die Möglichkeit, dass dich jemand am Samstag unterstützt, um alles Notwendige zu erledigen. Das können deine eigenen Eltern, Geschwister oder Freunde sein. Ohne Zweifel wäre der Sonntag als tatsächlich freier Tag wichtig, damit du dich akklimatisieren und erholen kannst. Natürlich könntest du kleine Ausflüge, beispielsweise mit dem Fahrrad, unternehmen, denn mit ein wenig aktiver Erholung kannst du dir, wie in diesem Fall, den Frust aus den Beinen strampeln. Du wärst in der freien Natur und könntest dadurch dein Immunsystem stärken, ebenso das deines Kindes. Ein kleines Picknick oder der Besuch auf einem Spielplatz wären ideal, um diesen Ausflug abzurunden. Es würde sich aber genauso ein Sonntag zu Hause anbieten, mit ein paar kleinen Spielen, Kuscheleinheiten und viel Zeit zum Entspannen. Da kann durchaus ein Fernseher oder eine DVD zum Einsatz kommen, um gemeinsam ausruhen zu können.

10 Tipps für Alleinerziehende, um Mental Load zu reduzieren

Gerade als alleinerziehende Mutter lastet nicht nur die gesamte Arbeit, die eben für Eltern anfällt, allein auf deinen Schultern. Auch die Sorgen und die Planungen rund um deinen Mama-Alltag musst du für dein Kind allein meistern. Keine Wunder also, wenn auch der Mental Load, den ich in einem Kapitel weiter vorne gesondert angesprochen habe, dich als Alleinerzieherin besonders trifft. In diesem Kapitel habe ich dir deshalb zehn Tipps für dich zusammengefasst, wie du deine mentale Belastung reduzieren und den Druck, der auf dir lastet, besser meistern kannst.

1. den Druck rausnehmen

Du kannst deine Belastungen nicht mit einem Partner teilen. Trotzdem vergleichst du dich vielleicht mit Familien, bei denen beide Eltern Haushalt, Erwerb, Erziehung und mehr miteinander teilen. Sei dir bewusst, dass du viel mehr leisten musst, als einer von diesen beiden allein. Sollte dein Kuchen beim Kita-Fest also mal fehlen, mach dir keinen Druck. So ist das eben. Und es ist gut so.

2. Unterstützung holen

Du musst nicht alles allein schaffen. Hole dir ganz bewusst Unterstützung. Das erfordert am Anfang viel Mut, bringt aber letztlich große Erleichterung für dich und deine Familie. Hole dir Beistand beim Kochen, beim Ausfüllen von Anträgen, im Haushalt, bei der Betreuung der Kinder oder dort, wo du es gut gebrauchen kannst. Und wenn dir jemand Unterstützung anbietet bei etwas, wo du es gar nicht brauchen? Nimm die Hilfe trotzdem an! Manchmal reichen schon ein paar wenige Stunden, um wieder neue Energie zu schöpfen.

3. Beratung einholen

Sich Unterstützung zu holen, bedeutet auch ganz oft, sich beraten zu lassen. Denn in vielen Dingen und Angelegenheiten reicht es nicht aus, Google zu befragen, die eigenen Eltern oder die beste Freundin. Nimm professionelle Beratung in Anspruch! Diese gibt es zum Beispiel beim Jugendamt, bei freien Trägern, bei Wohlfahrtsverbänden oder gemeinnützigen Organisationen. Es gibt auch Stiftungen, die Hilfe anbieten und zum Teil auch finanzielle Hilfe ermöglichen. Die Beratungen sind in der Regel kostenlos und helfen dir zum Beispiel, wenn du Fragen zu Unterhalt, Kindergeld, finanziellen Nöten, Anträgen, Erziehungsfragen oder sonstigen Themen hast.

4. Finanzierungsmöglichkeiten ausschöpfen

Die größte Angst ist oft, es finanziell nicht zu schaffen. Dass womöglich das Geld nicht ausreicht für sich und das Kind oder die Kinder. Habe keine Angst vor weniger Geld, nur weil du alleinerziehend bist. Schöpfe alle Finanzierungsmöglichkeiten aus! Auch wenn du findest, dass du sehr gut in der Lage bist, selbst für dein Kind zu sorgen. Diese finanziellen Hilfen gibt es schließlich aus gutem Grund. Gerade als alleinerziehende Mutter ist es dir oft nicht möglich, einen kleinen finanziellen Rückhalt für Unvorhergesehenes anzulegen. Vielleicht braucht dein Kind einmal etwas Bestimmtes. Dann ist es doch gut zu wissen, dass es auch von staatlicher Seite Hilfe gibt. Da dazu aber Behördengänge gehören, Anträge auszufüllen sind und viele weitere Dinge zu beachten sind, lohnt es sich, dafür Hilfe zu holen. Oft steht vielen Kindern auch ein viel höherer Betrag als der Unterhaltsvorschuss zu. Sorge dafür, dass du von einem nichtzahlenden anderen Elternteil auch den rechtmäßigen Unterhalt bekommen. Das Jugendamt berät in solchen Situationen und unterstützt dich. Falls nötig, kann dort auch eine kostenlose Beistandschaft beantragt werden.

5. Gut organisieren

Eine gute Organisation ist alles. Um nicht den Überblick bei allen Terminen, To-dos und bürokratischen Angelegenheiten zu verlieren, gibt es viele verschiedene Hilfsmittel wie Kalender, Haushaltsplaner, ein Ordnersystem für Papierkram oder mittlerweile auch verschiedene Apps, um den Familienalltag besser zu organisieren. Nimm dir das, was für dich und deinen Familienalltag am besten passt. Wer sich strukturiert organisiert und seine Angelegenheiten nicht nur im Kopf hat, sondern diese auch verschriftlicht, verschafft sich einen guten Überblick und vergisst nichts. So siehst du gegebenenfalls, wo die Woche eng oder stressig werden könnte oder wo vielleicht noch Zeit ist, um etwas Schönes oder Erholsames zu machen.

Wenn du arbeitest, kommst du als Alleinerziehende nicht darum herum, eine Kinderbetreuung zu organisieren. Achte darauf, dass du unter bestimmten Voraussetzungen die Kosten für eine Tagesmutter, den Hort oder für die Kita bezahlt bekommen. Auch hier kannst das Jugendamt dazu ansprechen, das dir auch Auskunft über Kitas und Kindertagesgruppen geben kann. Erwähne bei der Vorstellung immer, dass du alleinerziehend bist. Viele Einrichtungen berücksichtigen diesen Aspekt bevorzugend.

Es lohnt sich ebenfalls, schon einen Plan zu haben, für „was ist, wenn …"-Situationen. Was ist zum Beispiel, wenn mein Kind morgens krank ist und ich ohne eine Betreuung auskommen muss? Es lohnt sich, über solche Situationen schon vor dem Eintreten Gedanken zu machen und einen Plan in der Hintertasche zu haben. Gewisse Dinge bereits vororganisiert zu haben, entlastet dich. Zudem bereitet dir diese Situation keinen Stress mehr, wenn sie eintritt, denn du weißt ja bereits, welche Möglichkeiten du hast.

6. Zusammentun mit anderen Alleinerziehenden

Tu dich mit anderen Alleinerziehenden zusammen, denn zusammen ist man bekanntlich weniger allein. Höre dich doch mal in deiner Gemeinde oder deiner Stadt nach passenden Gruppen um. Oft gibt es auch Online-Gruppen, in denen ein guter Austausch stattfindet. Aber auch Wohlfahrtsverbände oder verschiedene Einrichtungen bieten die Möglichkeit, sich mit Gleichgesinnten zu treffen, oder andere hilfreiche Angebote an. Es tut gut, sich mit Menschen auszutauschen, die in der gleichen Situation sind. Zu merken, man ist nicht allein und anderen geht es ganz genauso, ist sehr wichtig. Außerdem könnt ihr gegenseitig von euren Erfahrungen profitieren und lernen. Manchmal entstehen durch die neuen

Kontakte auch neue Möglichkeiten. Vielleicht verstehst du dich mit jemanden besonders gut, die Kinder ebenfalls und ihr könnt euch einen Nachmittag die Woche mit der Kinderbetreuung abwechseln oder vielleicht sogar eine Urlaubsreise gemeinsam planen?

7. Nein sagen

Damit du mit deiner begrenzten Energie und Kraft auch gut haushalten kannst, sage auch mal Nein. Das ist vollkommen in Ordnung und darf gerade bei dir als alleinerziehender Person auch mal vorkommen. Gestalte deine Kapazitäten so, dass sie zu dir passen und nicht so, dass sie die Erwartungen von anderen erfüllen. Das spart dir vieles an Kraft und du hast am Ende mehr Energie für dich und deine Familie.

8. Vergangenheit hinter sich lassen

Du kennst sicher die Gedanken „Was wäre, wenn wir uns nicht getrennt hätten oder wenn das alles nicht passiert wäre". Vielleicht gibst du dir selbst noch die Schuld und denkst, deine Kinder haben es durch all das noch viel schwerer. Lasse Vergangenes hinter dir. Schaue nach vorne und nicht zurück, das kostet nur Kraft und Energie, die du in die Zukunft investieren kannst. Mit einer zukunftsgerichteten Grundhaltung wird dein Leben leichter und du wirst merken, dass du zufriedener bist!

9. sich selbst etwas Gutes tun

Bedenke, du machst alle Jobs allein und vieles davon vielleicht noch gleichzeitig: Haushalt, Arbeit, Kinderbetreuung und -erziehung. Bei so einem unvermeidbaren Pensum ist der Energiehaushalt schnell ausgeschöpft und neue Kraft zu tanken schwer. Deshalb denke auch an dich und tue dir selbst auch immer wieder etwas Gutes. Verankere schöne Momente in Ihren Alltag. Vielleicht ist es die Tasse Kaffee, die du morgens ganz in Ruhe trinkst oder der Kuchen von deinem Lieblingsbäcker. Es darf aber auch eine Massage sein oder vielleicht ein Spaziergang in der Sonne? Bauen Dinge in deinen Alltag ein, die dir guttun. Und halte dich von Dingen fern, die dich belasten, und von Menschen, die dir nichts Gutes wollen!

10. Sei stolz auf sich!

Sei stolz auf sich! Und zwar so richtig. Mache dir bewusst, was du da eigentlich alles leistest. Vermutlich war deine Situation nie so geplant, wie sie ist und hat dein Leben erst einmal ganz schön durcheinandergeworfen. Aber schaue, was du seitdem alles geschafft hast! Vor welchen Problemen und Herausforderungen du standest und wie du diese gemeistert hast, wie du daran gewachsen bist und wo du heute stehst. Du bist stark und machst das alles ganz wunderbar. Das darfst du auch dir selbst sagen! Mache dir das immer wieder bewusst. Dein Vertrauen und deine Zuversicht in deine eigene Stärke werden dadurch zunehmen, aber auch dein Selbstbewusstsein, dein Durchsetzungsvermögen und deine Kraft, neue Herausforderungen zu meistern!

Spezielle Phasen im Alltag mit Kleinkindern

Fiese Erkältungen und andere nervige Krankheiten

Jede Mama kennt sie irgendwann – die immer wiederkehrenden Krankheiten, egal ob im Frühjahr oder Sommer, im Herbst oder Winter. Manchmal glaubt man, es hört gar nicht mehr auf, vor allem wenn mehrere Kinder zur Familie gehören. Das ist allerdings völlig normal und hat einen ernsten Hintergrund. Babys und Kleinkinder müssen ihr Immunsystem im Laufe der Jahre erst trainieren. Keime, Viren und Bakterien schwirren durch die Luft und sind für die Kleinsten völlig unbekannt. Ihr kleiner Körper muss erst lernen, mit ihnen umzugehen und das klappt am besten durch Erfahrung. Je mehr Infekte ein Kleinkind also durchmacht, umso besser wird sein Immunsystem gestärkt. Deshalb sind 8–12 Erkältungskrankheiten pro Jahr völlig normal. Hinzu kommen weitere 1–4 Magen-Darm-Infekte. Beide Werte wurden von unabhängigen Forscherteams bestätigt und gelten für Kinder bis zwei Jahre. Sobald die Kleinen dann in die Kita kommen, geht die Krankheitswelle erst so richtig los, bis sie tatsächlich ihr Immunsystem soweit gestärkt haben, dass sich die Zahl der Infekte deutlich verringert auf 4–8 Erkältungen und 1–2 Magen-Darm-Infekte pro Jahr. Diese Prognose für die ersten Kinderjahre klingt vielleicht etwas düster, doch der Grund für diese Tatsache sollte dir Hoffnung machen, eine Krankheit deines kleinen Lieblings liebevoll begleitend zu überstehen. In den meisten Fällen ist das Kind in den ersten Tagen so krank, dass es viel schläft. Diese Zeit kannst du ebenso für dich nutzen, um größere Pausen einzulegen. Wenn das Kind beispielsweise die halbe Nacht hindurch erbrechen musste, bist du wahrscheinlich über die lange Schlafphase deines Kindes froh und kannst dich tagsüber ebenfalls ausruhen. Schwieriger wird es, wenn weitere Kinder zu Hause sind.

Kleine Anregung zur Selbstfürsorge

Wenn es machbar ist, solltest du dir Hilfe holen, die in dieser Zeit einmal auf die anderen Kinder aufpassen kann. Das erleichtert dir den Tag. Du könntest die Kinder auch mit dem Ausmalen von Mandalas beschäftigen, was dir selbst auch guttun würde, denn dieses fast meditative Malen beruhigt und entspannt. Um weitere Kinder beschäftigen zu können, während du dich um das kranke Kind kümmerst, sind Sing- und Mitmach-CDs sowie DVDs prima geeignet. Und sobald du zurück bist, kannst du selbst gern mitmachen, denn singen und tanzen sind, wie in diesem Ratgeber mehrmals beschrieben wurde, entspannungsfördernd. Für das kranke Kind hilft neben der üblichen Therapie mit Medikamenten und eventuellen Hausmittelchen, wie Dampfbad oder Fieberwickel, die intensive Betreuung und liebevolle Fürsorge durch die Mama. Deinem kleinen Sonnenschein vermittelst du so, dass Krankheiten normal sind und zum Leben dazugehören. Es fühlt sich durch deine Pflege sicher und wird diesen Infekt gestärkt überstehen. Ihr könnt viel kuscheln oder zusammen im Bett oder auf dem gemütlichen Sofa spielen, wenn das Kleine dazu die Kraft hat. Sehr bewährt haben sich Geschichten, die als Hörbuch auch für dich eine Pause bedeuten, oder kleine Fingerspiele sowie Handpuppen. Mit diesen kannst du für dein krankes Kind kleine Geschichten vorspielen oder einfach nur Quatsch machen, denn lachen wirkt ebenfalls sehr entspannend und gesundheitsfördernd. Auch wenn Krankheiten durch die intensive Betreuung mehr Arbeit für eine Mama bedeuten, so stärkt das Durchstehen dieser Krise beide Seiten. Das Kind entwickelt sein Immunsystem und du konntest ihm dabei helfen. Sei stolz darauf! Und nebenbei musstest du in manchen Krankheitsphasen dein eigenes Pensum herunterfahren und sozusagen entschleunigen.

Wenn du als Mama selbst krank wirst, ist das ein ungleich schwierigeres Problem, denn in vielen Fällen musst du dich selbst pflegen. Kann der Nachwuchs wenigstens zeitweise in die Kita oder zu anderen Betreuungspersonen, wie der Oma, dann hast du ein bisschen Zeit, um zu genesen. Aber auch dann bleibt der Alltag eine riesengroße Herausforderung. Versuche an Krankheitstagen die pure Unperfektion zu leben, auch wenn die Spüle oder die Wäschekörbe überlaufen. Schone deine Kräfte so gut wie möglich und versuche dein/e Kind/er zu beschäftigen, unter anderem durch kindgerechte Fernsehsendungen oder Hörspiele. Erkläre deinem Kind, warum es dir nicht gut geht und dass es dich schonen soll. Die meisten Kinder erkennen, dass du in einer „Notlage" bist und wollen gern helfen. Sag deinem kleinen Liebling einfach, was er am besten tun kann, zum Beispiel einen kalten Waschlappen für den pochenden Kopf bringen oder die Füße massieren, weil Berührung heilen kann. Die Kleinen ahmen uns Erwachsene nach und können sich durchaus an die vielen Stunden erinnern, die ihre Mütter an ihren Betten verbracht haben, wenn sie selbst krank waren. Diese liebevollen Gesten unterstützen deine Genesung, weshalb du gern auf dein Kind setzen darfst.

Mama geht wieder arbeiten

Nicht jede Mutter möchte nach der Geburt ihres Kindes jahrelang zu Hause bleiben. Nach einer Studie des Statistischen Bundesamtes mit den Daten des Mikrozensus aus dem Jahr 2016 haben nach der Vollendung des ersten Lebensjahres ihres jüngsten Kindes bereits über 44 Prozent aller Mütter ihren Job wieder aufgenommen. Ein Jahr später, wenn das Kind zwei Jahre geworden ist, gingen nahezu 58 Prozent der Mütter wieder arbeiten. Diese Zahl steigt bei den Frauen mit Kindern zwischen drei und sechs Jahren auf über 70 Prozent an. Von diesen berufstätigen

Müttern arbeiten fast drei Viertel in Teilzeit, um so Familie und Job unter einen Hut zu bringen. Wenn du dich also nicht allein auf die Erziehung deines Kindes konzentrieren möchtest, sondern auch Erfüllung im Beruf finden möchtest oder aus finanziellen Gründen arbeiten musst, stehst du nicht allein als „Rabenmutter" da. Vielfach ist dieser Begriff noch immer unterwegs, obwohl die Bedingungen für eine gute Betreuung der Kinder während der Arbeitszeiten mittlerweile gegeben sind und wissenschaftliche Nachweise erbracht wurden, dass berufstätige Mamas ihren Kindern keinesfalls schaden. In manchen Studien wurde herausgefunden, dass sich daraus sogar Vorteile in der Selbständigkeit der Kinder, ihrer weiteren Entwicklung bis hin zu besseren Schulleistungen ergeben, wie die Konrad Adenauer Stiftung in ihrer Ausgabe 188 der „Analysen & Argumente" (Oktober 2015) vorstellte. In diesem Skript wurde auch darauf hingewiesen, dass Schuldgefühle zur oben genannten „Rabenmutter" ein rein deutsches Phänomen sind. Solltest du also Bedenken aufgrund der Wiederaufnahme deines Berufes haben, so kannst du diese getrost beiseitelegen.

Kleine Übung zur Achtsamkeit

Lassen sich leichte Schuldgefühle dennoch nicht abstreifen, so solltest du in dich hineinhören. Dafür eignet sich sowohl ein Spaziergang, auf dem du allein bist, oder ein Ort, an dem du ungestört und entspannt sein kannst. Atme zuerst tief ein und aus, um dich von deinem Alltag und deinen Gedanken lösen zu können. Dann richtest du deine Aufmerksamkeit auf etwas in deiner Umgebung und beobachtest nur, wieder ohne Bewertung. Und nun kannst du dir dein Leben als Mama zu Hause und anschließend als berufstätige Mama vorstellen. Wie fühlt sich das an? Kommen irgendwelche Bedenken hervor? Dann merk sie dir und suche erst nach dieser Übung für Lösungen. Jetzt geht es nur darum, ein Gefühl dafür zu entwickeln, was deine Schuldgefühle auslösen. Vielleicht gab es schon Zeiten, die dein Kleines bei einer anderen Person verbracht hat, während du anderweitig unterwegs warst. Wie fühlte sich das an? Sobald du mit diesem In-sich-hineinfühlen fertig bist, schreibst du deine Bedenken und Sorgen auf und lässt diese mindestens einen Tag liegen, ohne einen Gedanken daran zu verschwenden. Während du deine Aufzeichnungen später durchliest, klingen diese Ängste vielleicht schon übertrieben. Gedanken sind nämlich flüchtiger als das geschriebene Wort und nicht so mächtig. Solltest du dir dennoch Sorgen machen, kannst du jetzt an die Lösung deines Problems gehen.

In den meisten Fällen knabbern Kinder nur kurz an der Umstellung ihres Alltags. Nach ein paar anfänglichen Schwierigkeiten, die größer oder kleiner ausfallen können, haben sich die Kleinen daran gewöhnt, dass andere Personen ihre Betreuung übernommen haben. Im Gegensatz dazu sind es oft die Mamas, die Startschwierigkeiten haben, weil sie nicht ausreichend loslassen können. Die Verantwortung für ihren kleinen Liebling in andere Hände abzugeben, bedeutet oftmals Ängste. Diese sind jedoch meist unbegründet, denn staatlich anerkannte Erzieher/innen und Tagesmütter/-väter haben eine fundierte Ausbildung. Ebenso sorgt der neue Alltag oft für Bedenken, die sich allerdings nach einer gewissen Einarbeitungszeit geben werden. Die oben genannte Schrift der Konrad Adenauer Stiftung weist sogar darauf hin, dass berufstätige Mütter vielfach zufriedener sind als Mütter, die sich daheim um die Erziehung ihrer Kinder kümmern. Die Zufriedenheit, trotz Kindern im Beruf erfolgreich zu sein, steigt mit der Unterstützung durch den Vater und überträgt sich positiv auf den Nachwuchs.

Kleine Anregung zur Selbstfürsorge

Ungeachtet der guten Aussichten, die sich berufstätigen Mamas bieten, kann die Umstellung in den neuen Alltag zunächst sehr anstrengend werden. Du solltest deshalb nichts erzwingen und obgleich eines größeren

Aufgabengebietes für ausreichend Pausen sorgen. Teilzeitbeschäftigung ist für viele Mamas der ideale Einstieg, um sich gleichermaßen um Beruf und Kind kümmern zu können und dennoch nicht unter die Räder zu gelangen. Falls es dir möglich ist, kannst du nach einer Eingewöhnungszeit in der Kita oder bei der Tagesmutter auch längere Betreuungszeiten vereinbaren, um für dich selbst einen Freiraum zu schaffen. Es könnte auch ein Nachmittag mit der Oma verabredet werden, an dem sie das Kind abholt und betreut, damit du beispielsweise einen Yoga-Kurs besuchen, in Ruhe eine Shopping-Runde drehen oder einfach nur die Seele baumeln lassen kannst. Durch gezielte Aufgabenverteilung zu Hause kannst du die Lasten einer Schulter sehr gut auf zwei verteilen. Die heutigen Väter sind meistens aufgeschlossen und übernehmen gern Verantwortung für ihre Familie.

Eintritt in die Kita

Einhergehend mit der Wiederaufnahme des Berufs folgt in vielen Fällen der Beginn der Kindergartenzeit oder die Betreuung durch eine Person, wie die Oma oder Tagesmutter. Das ist zunächst für Mama und Kind ein neuer Schritt in die weitere Selbständigkeit des kleinen Sonnenscheins. Der Abnabelungsprozess klappt umso besser, je aufgeschlossener beide gegenüber der neuen Situation sind. Auch das Vertrauen in die neuen Betreuungspersonen spielen eine große Rolle. Falls du als Mama noch etwas unsicher bist, was die Eingewöhnung in der Kita betrifft, versuche diese von deinem Kind fernzuhalten. Es geht noch voller Neugier und ohne jegliche Bedenken seinen Weg und sollte deshalb nicht mit deinen Sorgen belastet werden. In den Kapiteln „Welche Sorgen hast du?" und „Sprich mit anderen über deine Sorgen und Ängste" findest du Anleitungen zur Bewältigung dieser stressigen Situation. Möglicherweise verschwinden deine Zweifel nach kurzer Zeit, in denen dein Kind die Kita besucht. Manchmal mischt sich auch ein neues Gefühl darunter – die

Eifersucht, nämlich dann, wenn dein kleiner Liebling freudestrahlend in die Kita geht und fast vergisst, dir einen Kuss auf die Wangen zu drücken. Manche Mamas sind wehmütig, weil die besonders innige Zeit der ersten Lebensmonate zu Ende geht. In allen Fällen sind ein Abschieds-Ritual am Morgen und ein Willkommens-Ritual am Mittag/Nachmittag für euch beide eine gute Idee, um der Kita einen gesonderten Raum zu geben.

Kleine Übung zur Selbstfürsorge

Um diesen neuen Abschnitt einzuleiten, kannst du dir ein Symbol schaffen, das auch für andere Lebensabschnitte verwendet werden kann. Stell dir dazu einen Schrank oder eine Kommode vor, die viele Schubladen enthält. In einigen davon stecken bereits wundervolle Geschichten und Erinnerungen. Viele andere Fächer sind noch frei. Öffne nun eine neue Schublade, die den nächsten Entwicklungsschritt deines Kindes versinnbildlichen soll. Hier hinein kannst du als Erstes Wünsche und Hoffnungen hineinlegen, die sowohl deinen kleinen Sonnenschein als auch dich betreffen. Formuliere dabei deine Sorgen und Ängste so um, dass sie ein positives Ansinnen ausdrücken. Du könntest beispielsweise Bedenken haben, dass dein Kleines traurig sein wird, sobald du es verlässt. Dann würde der Wunsch etwa so klingen: „Ich wünsche mir, dass mein Kind in der neuen Umgebung fröhliche Stunden verleben wird." Durch die Umformulierung in eine positive Botschaft nimmst du den Bedenken seine negative Kraft und machst buchstäblich aus Dunklem etwas Helles. Die Schublade kannst du täglich öffnen und deine Wünsche nachlesen und selbstverständlich auch ergänzen. Du wirst sehen, dass sich diese Affirmation in deinem Unterbewusstsein festsetzt und du vertrauensvoll in diesen neuen Lebensabschnitt gehen kannst.

Der Schritt zur Tagesbetreuung verlangt neben der Bearbeitung von Sorgen und Ängsten auch die Neuorganisation des bisherigen Alltags. Um vor allem in den ersten Tagen der Umstellung entspannt durchzukommen, empfiehlt es sich, reichlich Zeit einzuplanen. Vielleicht braucht einer von euch etwas mehr Zeit, um sich verabschieden zu können. Möglicherweise ist etwas Zuspruch nötig, damit sich dein kleiner Wonneproppen traut, die neue Umgebung anzunehmen. Was beispielsweise am ersten Tag ganz zuversichtlich aussieht, kann sich im Laufe von ein paar Tagen auch noch ändern, wenn das Kleine merkt, dass die Kita oder Tagesmutter nun jeden Morgen auf dem Programm steht. Wenn du in solchen Momenten Zeitdruck hast, kann sich die angespannte Situation schnell in die falsche Richtung entwickeln. Bist du allerdings gelassen, weil dich kein Termin stresst, kannst du etwas länger verweilen und deinem Kind Halt und Zuversicht geben. Steck deinen Plan für die ersten Kita-Tage also nicht zu eng, um genügend Freiraum für unerwartete Geschehnisse zu haben. Das gilt auch für den Nachmittag, denn nicht jedes Kind kann nach den ersten Tagen in fremder Betreuung zur alten Tagesordnung daheim übergehen. Es werden sich oft neue Zeiteinteilungen ergeben, weil das Kleine nach einem vollen Programm in der Kita erst einmal müde und ausgelaugt ist. Viele Kinder brauchen dann eine Ruhepause oder Zeit zum Freispiel, da sie mit didaktisch wertvollen Spielen und Übungen für diesen Tag bereits versorgt wurden.

Kleine Anregung zur Achtsamkeit: Da sich euer neuer Alltag anfänglich sehr verändert, ist diese Zeit ideal, um Achtsamkeitsübungen durchzuführen. Du kannst einerseits dich selbst achtsam beobachten und andererseits auch deinen kleinen Liebling. Je nachdem, wann du Freiräume hast, könntest du diese Übung täglich für euch beide praktizieren oder abwechselnd an einem Tag für dich und am anderen für dein Kind. Du solltest diese Aufgabe nicht direkt hintereinander für euch beide umsetzen, damit sich eure Veränderungen nicht vermischen können. Fühle zunächst in dich hinein und nimm ohne Wertung wahr, wie sich dein Alltag gewandelt hat. Du wirst feststellen, dass sich die Entwicklung deines Kindes auch auf dich übertragen hat. Du behandelst es wahrscheinlich anders, weil es nun ein großes Kindergartenkind ist. Beobachte beim nächsten Mal deinen kleinen Liebling und sieh, wie er sich verändert hat. Die neue Selbständigkeit wird sich mit jedem Tag in der Außer-Haus-Betreuung zeigen. Und nach ein paar Wochen fragst du dich, wo dein kleines Kind hin ist. Diese weitreichenden Veränderungen kannst du mit ein wenig Achtsamkeitstraining ganz schnell sehen, aber auch Entwicklungen, denen eventuell entgegengesteuert werden muss.

Geburt eines Geschwisterkindes

Sobald sich ein weiteres Kind ankündigt, schweben die Eltern meist auf Wolke sieben. Für das größere Kind steht ebenfalls eine aufregende Zeit an, die allerdings nicht immer positiv empfunden wird. Hier ist seitens der Eltern Fingerspitzengefühl gefragt. Kleinkinder können vor allem am Anfang der Schwangerschaft nicht greifen, was schwanger sein bedeutet. Für sie ist erst der dicke Bauch ein deutliches Zeichen einer Veränderung. Da sie auch noch kein Zeitgefühl besitzen und eine Spanne von sechs Monaten nicht überblicken können, darf eine Mama mit der Ankündigung des Familienzuwachses durchaus ein paar Wochen warten. Erzähle in der Zeit der Vorfreude ein paar schöne Anekdoten aus der Babyzeit deines älteren Kindes. Zeig ihm auch Fotos und lies ab und zu ein passendes Buch vor, um deinen bald großen Liebling auf sein Geschwisterchen vorzubereiten. Abhängig vom Alter des Kindes kann es auch bei der Vorbereitung helfen und etwa einen neuen Strampler aussuchen oder ein Bild zur Geburt malen. Ist das Baby dann auf der Welt solltest du weiterhin behutsam mit dem großen Geschwisterkind umgehen, denn oftmals empfinden Kinder das neue Baby als eine Entthronung. Sie sind nun nicht mehr alleiniger Star und müssen ab sofort die Aufmerksamkeit teilen.

In der Zeit vor und nach der Geburt solltest du deshalb immer wieder Momente der Achtsamkeit einlegen. Nicht nur, dass du dadurch eine kleine Auszeit vom Alltag bekommst, du kannst so auch die Entwicklung deines Kindes beobachten. Ist es neugierig oder zieht es sich zurück? Möchte es bei der Vorbereitung helfen und hat vielleicht viele Fragen? Hat es womöglich sogar große Sorgen, weil Mama öfter nach dem Baby schaut? Wie reagiert es auf das Schreien des Babys? Möchte es das Baby knuddeln oder ignoriert es das Kleine so gut, wie es geht? All diese und weitere Fragen sollst du, wie immer, nicht bewerten. Sie können aber sehr wichtig sein, wenn es zu Problemen kommt. Dann ist das behutsame Einfühlen in das ältere Kind notwendig, um eine gute Basis für die Geschwister zu schaffen. Diese Achtsamkeitsübung kannst du mit einem älteren Kind auch gern gemeinsam ausführen. Setzt oder legt euch zum Baby und schaut es einfach nur an. Und dann fragst du die ein oder andere Frage, beispielsweise wie dein großer Liebling das Weinen empfindet oder ob er sich schon freut, wenn er mit dem Baby in ein paar Monaten spielen kann. Überfordere dein Kind dabei nicht und mach auf keinen Fall ein Verhör daraus! Manchmal erzählen die älteren Geschwister auch ganz von allein, wie sie die neue Situation sehen. Dann musst du nur gut zuhören.

Auftretende Probleme solltest du allerdings immer ernst nehmen, denn die Umstellung kann für das ältere Kind eine Weile andauern. Dein Kind hat ebenso wie das Baby Bedürfnisse, die es von der Mutter befriedigt haben möchte. Unabhängig davon, ob sie dir wichtig erscheinen oder nicht, kann deinem Kind sehr viel daran liegen, dass du handelst. Tust du dies nicht sofort oder lehnst den Wunsch komplett ab, kann es zu Wutanfällen kommen, die ein Kleinkind nicht steuern kann. Läuft das Fass über, dann bricht die Wut heraus. Mehr dazu kannst du im Kapitel über die Trotzkinder lesen. Übe in diesem Fall keinen Druck auf das

ältere Kind aus, denn das macht die Situation und die Beziehung zum Baby nur schlimmer. Versuche lieber, deinem großen Liebling den neuen Lebensabschnitt genau zu erklären, warum beispielsweise ein Baby weint, und dass es nicht so lange warten kann, wie das ältere Kind. Lass das Kind, möglicherweise beim Wickeln, helfen, sofern es dies auch möchte. Das Verständnis über seine neue Lage und die Einbindung in das veränderte Leben wirken sich positiv auf das Miteinander aller Familienmitglieder aus. Darüber hinaus sind Zeiten, die nur für das große Geschwisterkind vorbehalten sind, unheimlich wichtig, um deinem großen Sonnenschein zeigen zu können, dass er noch genauso geliebt wird wie vor der Geburt.

Kleine Anregung zur Selbstfürsorge

Eine Tradition in manchen Familien, die die Ankunft eines neuen Familienmitglieds für die Geschwisterkinder einfacher machen soll, ist das Mitbringen eines kleinen Geschenks. An und für sich ist diese Idee ganz nett, da vor allem ältere Kinder Geschenke bewusst wahrnehmen und als etwas Positives ansehen. Wenn dann das Baby ein kleines Präsent für sein Geschwisterkind dabeihat, kann sich die anfängliche Unsicherheit vielleicht schon legen. Falls du diese Geschenkidee allerdings ablehnst, weil es sich dabei nur um Konsum und Geschenke-Berieselung dreht, gäbe es eine ganz ähnliche Möglichkeit. Das Baby könnte durchaus auch ein neues Ritual mitbringen, das euch als Familie näher zusammenbringt und/oder die Beziehung zwischen Baby und Geschwister stärkt. Ihr könntet beispielsweise eine konkrete Kuschelzeit einführen, bei der möglichst alle Familienmitglieder dabei sind. Wenn das ältere Kind schon reif genug dafür ist, wären auch ein paar Minuten denkbar, in denen nur das Baby und sein Geschwisterkind anwesend sind. Dein großer Liebling könnte etwas singen, die Spieluhr aufziehen oder das Baby streicheln. Du kannst und solltest durchaus in der Nähe bleiben, musst dich aber nicht direkt dazustellen. Gibst du deinem älteren Kind das Vertrauen, sich ein paar Minuten allein um das Baby kümmern zu können, fühlt es sich als wichtiges Mitglied der Familie und wird stolz auf sich sein. Davon profitiert auch die Beziehung zum Baby.

Familienkrisen

Zu guter Letzt fordern auch kleine und große Familienkrisen die besondere Aufmerksamkeit und vermehrte Kraftanstrengungen der Mutter. Dabei kann es sich unter anderem um einen Umzug in eine andere Stadt oder Region handeln, der neben einer kräftezehrenden Organisation und Durchführung auch nach Abschiednehmen von Bekannten und Freunden sowie nach Knüpfen neuer Kontakte verlangt. Während die Kleinen sich oftmals schnell eingewöhnen und die neue Tatsache akzeptieren, tun wir Erwachsene uns vielfach schwerer. Man möchte mit den alten Bekannten Kontakt halten und investiert dafür ebenso viel Zeit wie in das Kennenlernen der neuen Umgebung und seinen Menschen. Gleichfalls anstrengend sind viele Krankheitsphasen im Jahr, erst recht, wenn ein Kind oder die Mama unter chronischen Beschwerden leidet. Dann werden Pausen und Auszeiten umso wichtiger, um im Alltag bestehen zu können.

Weitreichender und emotionaler sind Familienkrisen, die durch eine Trennung oder einen neuen Lebenspartner hervorgerufen werden. Im ersten Fall gehen dem Auszug, beispielsweise des Papas, in den meisten Familien langwierige Phasen voraus, die von Streit, Wut und Ohnmacht geprägt sind. Viele Mamas leiden in dieser Zeit nicht nur unter der eigentlichen Trennung, sondern fühlen sich als Versagerin, die ihren Kindern keine heile Familie bieten konnte. Das ist allerdings totaler Quatsch, denn nicht nur die Mama ist für diese Situation verantwortlich. Versuche deine Schuldgefühle zu verarbeiten, um wieder frohen Mutes in die Zukunft schauen zu können. Dass dies nicht von einem auf den anderen Tag klappt, ist ganz klar, aber die zahlreichen Tipps in diesem Ratgeber, unter anderem das Kapitel „Gelassen bleiben als alleinerziehende Mama" können dir dabei helfen. Im umgekehrten Fall einer Zusammenführung deiner Familie mit einem neuen Partner, vielleicht sogar zu einer Patchwork-Familie mit weiteren Kindern, verändern vor allem für das eigene Kind einige grundlegende Dinge. Je nach Grad der Akzeptanz des neuen oder der neuen Familienmitglieder kann eine solche Krise Wochen und Monate andauern und unter Umständen gar nicht funktionieren. Dieser Balanceakt zwischen dem Kind auf der einen Seite und dem neuen Partner auf der anderen Seite ist für eine Mama kräftezehrend.

Daneben stellen in jeder Familie Trauerfälle ein einschneidendes Erlebnis, auch für die Kleinsten, dar. Sie können nicht so richtig verstehen, warum das geliebte Haustier oder die eigene Oma, der nette Nachbar, der immer wieder kleine Schokotäfelchen herübergereicht hat, oder ein Freund aus der Kita diese Welt verlassen hat. Neben der eigenen Trauer und dem Unverständnis, warum es ausgerechnet diese Person getroffen hat, muss die Mama auch das Kind trösten. Viele verwenden dazu gern das Bild vom Himmel und dem neuen Stern, der in der Nacht leuchtet. Auch wenn ein Kind die Trauer bald überwunden hat, fällt es vielen Mamas schwer, vor allem bei einer Person aus dem engen Familienkreis, Abschied zu nehmen. Und dennoch muss sie jeden Tag die Kraft aufbringen, ihr Leben zu bewältigen und für ihr Kind da zu sein.

Kleine Übung zur Achtsamkeit

Bei allen Familienkrisen dreht sich das Leben einfach anders und braucht wesentlich mehr Kraft als im normalen Alltag. Aus diesem Grund sind nun Pausen und Entspannungszeiten noch wichtiger als bisher. Das Gedankenkarussell macht sich in dieser Zeit fast selbständig und muss von dir gezielt angehalten werden. Nimm dir dazu etwas Zeit, beispielsweise zwischen zwei Aufgaben im Haushalt, oder nutze kleine Pausen im Alltag, wie die Fahrt mit dem Bus, um zur Ruhe zu kommen. Atme wieder tief ein und aus und stell dir dann ein Karussell vor. Es dreht sich permanent mit deinen Gedanken. Halte es nun an! Versuche für ein paar Sekunden oder Minuten an nichts zu denken. Klappt dies nicht, konzentriere dich auf einen Strand, auf dem sanfte Wellen auftreffen. Sobald das Gedankenkarussell wieder losläuft, hältst du es wieder an. Waren es Gedanken, die dich nicht weiterbringen und sogar negativ stimmen, dann gib sie dem Meer mit. Positive Gedanken, unter anderem Erinnerungen an eine liebe Person, oder Hoffnungsschimmer darfst du im Karussell belassen. Du kannst sie allerdings auch in deiner Kommode ablegen (siehe „Eintritt in die Kita" unter „Kleine Übung zur Selbstfürsorge").

Kleine Anregung zur Selbstfürsorge

Jede Familienkrise hat Auswirkungen auf alle Familienmitglieder. Eine Gemeinschaft kann diese allerdings leichter meistern als jede einzelne Person. Es wäre demnach hilfreich, den Familienverbund zu stärken, und sei es nur durch viele kleine Kuscheleinheiten. Diese geben allen Kraft und Zuversicht, die Krise erfolgreich zu überwinden. Es ist natürlich ebenso förderlich, Hilfe ins Boot zu holen. Angehörige und Freunde unterstützen euch mit Sicherheit gern. Für dich als Mama sind in dieser Situation positive Zukunftsbilder nützlich. Formuliere deshalb Wünsche oder Ziele, die den neuen Lebensabschnitt begleiten und zu einem guten Ende führen sollen. Du kannst diese gern aufschreiben und beispielsweise am Kühlschrank fixieren, damit sie dich jeden Tag begleiten können. Selbstverständlich kannst du daraus Autosuggestions-Sätze machen, wie im Kapitel „Autogenes Training verleiht tiefe Entspannung" beschrieben wurde. Vertrau in diesen schwierigen Zeiten deinem achtsamen Blick und gehe den Weg, den du für richtig erachtest!

Literaturverzeichnis

- Goebel, Wolfgang & Glöckler, Michaela (1998). Kindersprechstunde, Stuttgart: Verlag Freies Geistesleben & Urachhaus GmbH, 13. Auflage
- Kunze, Petra & Valentin, Lienhard (2011). Die Kunst, gelassen zu erziehen, München: Gräfe und Unzer Verlag GmbH
- Lark, Liz (2004). Yoga für Kids, Bindlach: Gondrom Verlag
- Osho (2002). Meditationsführer, München: Wilhelm Goldmann Verlag
- Trökes, Anna (2000). Das große Yogabuch, München: Gräfe und Unzer Verlag GmbH
- Wohlleben, Peter (2019). Das geheime Band zwischen Mensch und Natur, München: Ludwig Verlag, 2. Auflage

Quellennachweis

- https://www.welt.de/wissenschaft/article3851002/Kullerau-gen-und-Rauschgift-wirken-gleich.html
- https://www.spiegel.de/wissenschaft/mensch/mutterlie-be-das-staerkste-gefuehl-entschluesselt-a-415306.html
- https://www.omama-shop.de/Blog/10-Tipps-um-eine-gute-Mutter-zu-werden
- https://www.drogenbeauftragte.de/presse/pressekontakt-und-mittei-lungen/archiv/2018/2018-1quartal/studie-so-suechtig-ma-chen-whatsapp-instagram-und-co.html?L=0
- https://www.planet-wissen.de/gesellschaft/psychologie/lachen/pwieistlachenwirklichgesund100.html
- https://www.urbia.de/magazin/familienleben/muetter/die-10-wich-tigsten-eigenschaften-einer-guten-mutter
- https://www.rundschau-online.de/ratgeber/familie/studie-eltern-ver-bringen-heute-doppelt-so-viel-zeit-mit-ihren-kindern-wie-in-den-60ern-25556798
- https://www.magazin-schule.de/magazin/eltern-entspannt-euch/
- https://journal.bkkgs.de/ausgabe-2017-02/so-troesten-sie-sich-selbst/
- https://www.erziehungskunst.de/artikel/fruehe-kindheit/wer-lernen-will-braucht-ein-gegenueber-mit-der-nachahmung-muss-man-rich-tig-umgehen/
- https://lexikon.stangl.eu/2277/achtsamkeit/ (2020-04-16), Stangl, W. (2020). Stichwort: *'Achtsamkeit'. Online Lexikon für Psychologie und Pädagogik.*
- https://soulsweet.de/zitate-des-dalai-lama/

- https://www.aerzteblatt.de/archiv/152514/Heilkraft-der-klassischen-Musik-Bach-und-Mozart-gegen-Bluthochdruck
- https://neobeats.de/das-wunder-der-frequenzen/
- https://svapurna.de/die-definition-von-meditation-was-ist-meditation/
- https://www.pinterest.de/pin/754212268824149081/
- https://www.lernen.net/artikel/autogenes-training-4-tipps-7-uebungen-fuer-mehr-ausgeglichenheit-3429/
- https://www.lotuscrafts.eu/blogs/blog/was-ist-yoga
- https://www.zeit.de/sport/2012-03/laufen-joggen-spazieren-medikament-bewegung
- https://www.zentrum-der-gesundheit.de/gesund-durch-spazieren-gehen-ia.html
- https://www.hipp.de/beikost/ratgeber/babys-gesundheit-entwicklung/schlafen/wie-viel-schlaf-braucht-mein-baby/
- https://www.onmeda.de/baby/jahr_1.html
- https://lansinoh.de/bonding-der-aufbau-einer-emotionalen-bindung-zum-baby/
- https://www.babyclub.de/magazin/spielen-und-lernen/reime-und-verse/die-maus-hat-rote-struempfe-an.html
- https://www.hallo-eltern.de/kind/baby-1-jahr/
- https://www.vigo.de/rubriken/koerper-und-seele/entspannung-und-achtsamkeit/lesen/richtig-atmen-lernen.html
- https://www.kinder-verstehen.de/mein-werk/artikel/schlafprobleme-aus-sicht-der-evolution/
- https://www.babyartikel.de/magazin/wutanfall-kleinkind-richtig-reagieren
- https://de.statista.com/statistik/daten/studie/318160/umfrage/alleinerziehende-in-deutschland-nach-geschlecht/
- https://www.kinderaerzte-im-netz.de/news-archiv/meldung/article/wie-viele-infekte-sind-normal/
- https://www.destatis.de/DE/Methoden/WISTA-Wirtschaft-und-Sta-

tistik/2018/03/realisierte-erwerbstaetigkeit-032018.pdf?__blob=publicationFile&v=4
- https://www.kas.de/c/document_library/get_file?uuid=caccdc13-1f0e-b136-7645-22f4b09b69dc&groupId=252038
- https://www.baby-und-familie.de/Erziehung/Wenn-Kinder-ein-Geschwisterchen-bekommen-102101.html

Bildnachweise

Adobe Stock Material:

@LuckyStep #425700055

@nashagara #308911531, #219562717, #480201702, #304037152, #304037759, #415987467, #275465179, #320728178, #308910275, #296134436, #219561627, #415986856, #478716433,

@Oleksandra #486988765

@Simple Line #454686462, #454686921, #454686920, #396498515, #355477274, #454686381, #454827046, #374040436, #454827274, #454684204, #417592684, #396484335

@Yana #444208848, #442580335, #468008926, #454025852, #429981493

@Оля Molly #474754322

Impressum

Zenit Verlagskreis LLC, 30 N Gould St Ste N,
82801 Sheridan, Wyoming, USA

Layout & Satz: Julia Grün

1. Neuauflage 2022

978-3-949675-16-4

Bevor du das Buch weglegst, noch eine Bitte!

Es gibt viele tausend Ratgeber und oft ist es schwer, den für sich passenden zu finden. Hilfreich sind hierbei ehrliche und aussagekräftige Rezensionen. Daher ist unsere Bitte:

Hilf anderen Kunden, unseren Ratgeber zu finden und erleichtere ihnen die Kaufentscheidung.

Nimm dir einen Moment Zeit und logge dich auf Amazon ein.
Navigiere zu »Meine Bestellungen« und klicke neben dem Buchtitel auf »Schreiben Sie eine Produktrezension«.
Vielen Dank!

PS: Bei weiteren Fragen oder Anregungen erreichst du uns auch unter namastee.verlag@gmail.com

Du hast eine besondere Expertise im Bereich der Lebensphilosophie und möchtest dein Wissen als BuchautorIn weitergeben? Dann freuen wir uns auf Deine Bewerbung unter verlags.kontakt@gmail.com

Printed in Poland
by Amazon Fulfillment
Poland Sp. z o.o., Wrocław

92459167R00101